L&PMPOCKET**ENCYCLOPAEDIA**

HISTÓRIA ECONÔMICA GLOBAL

Uma breve introdução

Série **L&PM**POCKET**ENCYCLOPAEDIA**

Alexandre, o Grande Pierre Briant
Anjos David Albert Jones
Ateísmo Julian Baggini
Bíblia John Riches
Budismo Claude B. Levenson
Cabala Roland Goetschel
Câncer Nicholas James
Capitalismo Claude Jessua
Cérebro Michael O'Shea
China moderna Rana Mitter
Cleópatra Christian-Georges Schwentzel
A crise de 1929 Bernard Gazier
Cruzadas Cécile Morrisson
Dinossauros David Norman
Drogas Leslie Iversen
Economia: 100 palavras-chave Jean-Paul Betbèze
Egito Antigo Sophie Desplancques
Escrita Andrew Robinson
Escrita chinesa Viviane Alleton
Evolução Brian e Deborah Charlesworth
Existencialismo Jacques Colette
Filosofia pré-socrática Catherine Osborne
Geração Beat Claudio Willer
Guerra Civil Espanhola Helen Graham
Guerra da Secessão Farid Ameur
Guerra Fria Robert McMahon
História da medicina William Bynum
História da vida Michael J. Benton
História econômica global Robert C. Allen
Império Romano Patrick Le Roux
Impressionismo Dominique Lobstein
Inovação Mark Dodgson e David Gann
Islã Paul Balta
Japão moderno Christopher Goto-Jones
Jesus Charles Perrot
John M. Keynes Bernard Gazier
Jung Anthony Stevens
Kant Roger Scruton
Lincoln Allen C. Guelzo
Maquiavel Quentin Skinner
Marxismo Henri Lefebvre
Memória Jonathan K. Foster
Mitologia grega Pierre Grimal
Nietzsche Jean Granier
Paris: uma história Yvan Combeau
Platão Julia Annas
Pré-história Chris Gosden
Primeira Guerra Mundial Michael Howard
Reforma Protestante Peter Marshall
Relatividade Russell Stannard
Revolução Francesa Frédéric Bluche, Stéphane Rials e Jean Tulard
Revolução Russa S. A. Smith
Rousseau Robert Wokler
Santos Dumont Alcy Cheuiche
Sigmund Freud Edson Sousa e Paulo Endo
Sócrates Cristopher Taylor
Teoria quântica John Polkinghorne
Tragédias gregas Pascal Thiercy
Vinho Jean-François Gautier

Robert C. Allen

HISTÓRIA ECONÔMICA GLOBAL
Uma breve introdução

Tradução de DENISE BOTTMANN

www.lpm.com.br

L&PM POCKET

Coleção **L&PM** POCKET, vol. 1259

Robert C. Allen é professor de História da Economia na Universidade de Oxford. É autor de diversas obras premiadas sobre o assunto e participa ativamente de debates acerca do desenvolvimento econômico na Europa.

Texto de acordo com a nova ortografia.

Título original: *Global Economic History*

Primeira edição na Coleção **L&PM** POCKET: setembro de 2017
Esta reimpressão: fevereiro de 2019

Tradução: Denise Bottmann
Capa: Ivan Pinheiro Machado. *Ilustração*: iStock
Preparação: Jó Saldanha
Revisão: Marianne Scholze

CIP-Brasil. Catalogação na publicação
Sindicato Nacional dos Editores de Livros, RJ

A428h

Allen, Robert C., 1947-
    História econômica global: uma breve introdução / Robert C. Allen; tradução Denise Bottmann. – Porto Alegre : L&PM, 2019.
    208 p. : il. ; 18 cm.   (Coleção L&PM POCKET; v. 1259)

    Tradução de: *Global Economic History*
    ISBN 978-85-254-3674-0

    1. Crises financeiras. 2. Capitalismo. 3. Finanças internacionais. 4. Globalização. I. Bottmann, Denise. II. Título. III. Série.

17-44237	CDD: 332.042
	CDU: 330.101.541

© Robert C. Allen, 2011
***Global Economic History* foi originalmente publicado em inglês em 2011. Esta tradução é publicada conforme acordo com a Oxford University Press.**

Todos os direitos desta edição reservados a L&PM Editores
Rua Comendador Coruja, 314, loja 9 – Floresta – 90.220-180
Porto Alegre – RS – Brasil / Fone: 51.3225.5777

PEDIDOS & DEPTO. COMERCIAL: vendas@lpm.com.br
FALE CONOSCO: info@lpm.com.br
www.lpm.com.br

Impresso no Brasil
Verão de 2019

Sumário

Agradecimentos 7

Capítulo 1: A grande divergência 9

Capítulo 2: A ascensão do Ocidente 24

Capítulo 3: A Revolução Industrial 38

Capítulo 4: O crescimento dos países ricos 53

Capítulo 5: Os grandes impérios 67

Capítulo 6: As Américas 79

Capítulo 7: A África 110

Capítulo 8: O modelo padrão e a industrialização tardia 138

Capítulo 9: O Grande Impulso na industrialização 158

Epílogo 176

Referências bibliográficas 178

Leituras complementares 184

ÍNDICE REMISSIVO.. 195

LISTA DE ILUSTRAÇÕES 205

LISTA DE TABELAS 207

AGRADECIMENTOS

Agradeço aos que trabalharam comigo como assistentes de pesquisa, para reconstituir a história mundial dos salários e preços: Stuart Murray, Cherie Metcalfe, Ian Keay, Alex Whalley, Victoria Bateman, Roman Studer, Tommy Murphy e Eric Schneider. A atenção que concederam aos detalhes, bem como suas reflexões sobre o projeto e o texto foram de valor inestimável. Também agradeço a muitos amigos que leram as versões iniciais e discutiram essas questões comigo: Paul David, Larry Eldredge, Stan Engerman, James Fenske, Tim Levnig, Roger Goodman, Phil Hoffman, Chris Kissane, Peter Lindert, Branko Milanovic, Patrick O'Brien, Gilles Postel-Vinay, Jim Robinson, Jean-Laurent Rosenthal, Ken Sokoloff, Antonia Strachey, Francis Teal, Peter Temin, Jan Luiten van Zanden, Lawrence Whitehead, Jeff Williamson e Nick Woolley. Meu filho Matthew Allen e minha esposa Dianne Frank sempre mantiveram a disposição e o apoio, apesar da atenção obsessiva que dediquei ao projeto e a meus incessantes pedidos para que comentassem os rascunhos. Graças a suas leituras, ficou um livro melhor.

Quero agradecer ao Canadian Social Sciences and Humanities Research Council e à United States National Science Foundation, por intermédio do Global Price and Income History Group, pelas verbas de pesquisas durante muitos anos.

Dedico este livro a meu filho Matthew e outros de sua geração, na esperança de que, entendendo como o mundo veio a ser o que é, possam torná-lo melhor.

Capítulo 1
A grande divergência

A história econômica é a rainha das ciências humanas. Tem como objeto *A natureza e as causas da riqueza das nações*, título da grande obra de Adam Smith. Os economistas procuram as "causas" numa teoria atemporal do desenvolvimento econômico, enquanto os historiadores econômicos situam essas causas num processo dinâmico de transformação histórica. A história econômica se tornou especialmente instigante nos últimos tempos, quando a pergunta fundamental – "por que alguns países são ricos e outros são pobres?" – adquiriu abrangência mundial. Cinquenta anos atrás, a pergunta era "por que a Revolução Industrial aconteceu na Inglaterra e não na França?". As pesquisas sobre a China, a Índia e o Oriente Médio têm ressaltado o dinamismo intrínseco das grandes civilizações do mundo, de modo que, hoje em dia, o que precisamos perguntar é por que o crescimento econômico teve seu arranque na Europa em vez de se dar na Ásia ou na África.

Não existem dados muito sólidos sobre as rendas no passado distante, mas, ao que parece, em 1500 não havia grandes diferenças de prosperidade entre os países. A atual divisão entre ricos e pobres surgiu, em larga medida, depois que Vasco da Gama foi até a Índia e Colombo descobriu as Américas.

Podemos dividir os últimos quinhentos anos em três períodos. O primeiro, que se estendeu de 1500 até 1800 aproximadamente, foi a *era mercantilista*. Começou com as viagens de Colombo e Gama, que levaram a uma economia mundial integrada, e terminou com a Revolução Industrial. As Américas foram colonizadas e exportavam prata, açúcar e tabaco; os africanos foram levados como escravos para as Américas para produzir esses bens; a Ásia enviava para a Europa especiarias, produtos têxteis e porcelanas. Os principais países europeus procuraram aumentar seu comércio internacional adquirindo colônias e utilizando tarifas alfandegárias e guerras para impedir que outros países comerciassem com elas. A manufatura europeia se desenvolveu às custas das colônias, mas o objetivo não era o desenvolvimento econômico em si.

Isso mudou no segundo período, o do *emparelhamento* no século XIX. Quando Napoleão foi derrotado em Waterloo em 1815, a Grã-Bretanha tinha estabelecido sua liderança na indústria e dominava a concorrência com outros países. A Europa Ocidental e os Estados Unidos tomaram o desenvolvimento econômico como prioridade e tentaram atingi-lo com um conjunto padrão de quatro políticas: a criação de um mercado nacional unificado, eliminando as tarifas internas e construindo uma infraestrutura de transportes; o estabelecimento de tarifas externas para proteger suas indústrias contra a concorrência britânica; a criação de bancos para estabilizar a moeda e financiar o investimento industrial; a instituição do ensino de massa para qualificar a força de trabalho. Essas políticas tiveram êxito na Europa Ocidental e na América do Norte, e os países dessas regiões se somaram à Grã-Bretanha para formar o grupo atual das nações ricas. Alguns países latino-americanos adotaram essas políticas de maneira incompleta e sem grande sucesso. A concorrência britânica desindustrializou a maior parte da Ásia e, quando o tráfico escravo britânico terminou, em 1807, a África exportava óleo de palma, cacau e minérios.

No século XX, as políticas que tinham funcionado na Europa Ocidental, sobretudo na Alemanha, e nos Estados Unidos mostraram menor eficácia nos países que ainda não tinham se desenvolvido. A maior parte da tecnologia é inventada nos países ricos, e eles desenvolvem tecnologias que utilizam um volume cada vez maior de capital para aumentar a produtividade de sua mão de obra cada vez mais cara. Grande parte dessa nova tecnologia não é rentável nos países com mão de obra barata, mas é dela que precisam para se emparelhar com o Ocidente. A maioria dos países tem adotado a tecnologia moderna, em maior ou menor grau, mas não com rapidez suficiente para se alcançar os países ricos. Os países que cobriram a distância que os separava do Ocidente, no século XX, conseguiram isso com um *Grande Impulso*, coordenando o planejamento e o investimento para dar esse salto à frente.

Antes de entender *como* alguns países enriqueceram, temos de situar *quando* houve esse enriquecimento. Entre 1500 e 1800, os países atualmente ricos conquistaram uma pequena dianteira, que pode ser medida em termos de PIB (Produto Interno Bruto) *per capita* (Tabela 1). Em 1820, a Europa já era o continente mais rico. O PIB *per capita* era o dobro do da maioria do mundo. O país mais próspero era a Holanda, com uma renda *per capita* média (PIB) de $1.838 dólares. Os Países Baixos tiveram um arranque no século XVII, e a grande questão de política econômica em outros países era como alcançar os holandeses. Era o que estavam fazendo os britânicos. A Revolução Industrial havia se iniciado duas gerações antes, e a Grã-Bretanha era a segunda economia mais rica, com uma renda de $1.706 em 1820. A Europa Ocidental e as ramificações da Grã-Bretanha (Canadá, Austrália, Nova Zelândia e os Estados Unidos) tinham rendas entre $1.100 e $1.200. O resto do mundo ficava bem atrás, com rendas *per capita* entre $500 e $700. A África era o continente mais pobre, com $415.

Entre 1820 e o presente, as diferenças de renda se ampliaram, com poucas exceções. Os países que eram os mais ricos em 1820 foram os que mais cresceram. Os países ricos de hoje têm rendas médias de $25.000-

Tabela 1. PIB *per capita* **no mundo, 1820-2008**

	1820	1913	1940	1989	2008
Grã-Bretanha	1.706	4.921	6.856	16.414	23.742
Holanda	1.838	4.049	4.832	16.695	24.695
Outros países da Europa Ocidental	1.101	3.608	4.837	16.880	21.190
Europa Mediterrânea	945	1.824	2.018	11.129	18.218
Europa Setentrional	898	2.935	4.534	17.750	25.221
EUA, Canadá, NZ, Austrália	1.202	5.233	6.838	21.255	30.152
Europa Oriental	683	1.695	1.969	5.905	8.569
URSS	688	1.488	2.144	7.112	7.904
Argentina, Uruguai, Chile	712	3.524	3.894	6.453	8.885
Outros países da América Latina	636	1.132	1.551	4.965	6.751
Japão	669	1.387	2.874	17.943	22.816

Taiwan e Coreia do Sul	591	835	1.473	8.510	20.036
China	600	552	562	1.834	6.725
Subcontinente Indiano	533	673	686	1.232	2.698
Ásia Oriental	562	830	840	2.419	4.521
Oriente Médio & África do Norte	561	994	1.600	3.879	5.779
África subsaariana	415	568	754	1.166	1.387
Mundo	666	1.524	1.958	5.130	7.614

O PIB mede a produção total de bens e serviços numa economia, bem como a receita total gerada por ela. Nesta tabela, o PIB está expresso em dólares americanos de 1990, para que o volume de produção (receita real) possa ser comparado no tempo e no espaço.
Nota: A Grã-Bretanha inclui a Irlanda do Norte desde 1940.

$30.000, a maior parte da Ásia e da América Latina tem rendas médias de $5.000-$10.000, enquanto a África subsaariana alcançou apenas $1.387. O fenômeno da divergência está realçado na Figura 1, onde as regiões à direita com rendas mais altas em 1820 tiveram os maiores fatores de crescimento da renda, e as regiões à esquerda com rendas iniciais mais baixas tiveram menores fatores de crescimento. A Europa e os ramos britânicos multiplicaram sua renda de 17 a 25 vezes. A Europa Oriental e boa parte da Ásia começaram com rendas mais baixas e conseguiram decuplicá-las. O sul da Ásia, o Oriente Médio e grande parte da África subsaariana foram menos afortunados, mais pobres em 1820 e obtendo ganhos de renda de apenas 3 a 6 vezes. Ficaram ainda mais atrás do Ocidente. A "equação de divergência" sintetiza esse padrão.

Existem exceções na divergência de rendas. O Extremo Oriente é a mais importante delas, pois é a única região que contrariou a tendência e melhorou sua posição. O Japão foi o maior êxito do século XX, pois sem dúvida

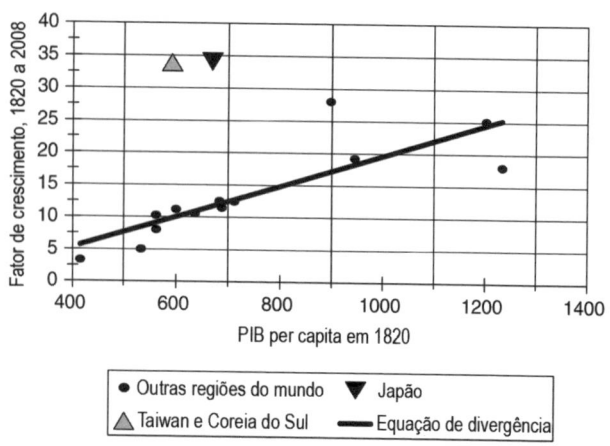

Figura 1. A grande divergência

era um país pobre em 1820 e conseguiu cobrir a distância de renda e alcançou o Ocidente. Igualmente acelerado foi o crescimento da Coreia do Sul e de Taiwan. A União Soviética foi outro êxito, embora menos completo. A China, hoje, pode estar repetindo a proeza.

A industrialização e a desindustrialização foram causas fundamentais na divergência das rendas mundiais (Figura 2). Em 1750, a maior parte da manufatura do mundo se concentrava na China (33% do total mundial) e no subcontinente indiano (25%). A produção *per capita* era mais baixa na Ásia do que nos países mais ricos da Europa Ocidental, mas os diferenciais eram relativamente pequenos. Em 1913, o mundo tinha se transformado. A participação da China e da Índia na manufatura mundial caíra para 4% e 1%, respectivamente. O Reino Unido, os Estados Unidos e a Europa respondiam por três quartos do total. A produção manufatureira *per capita* no Reino Unido era 38 vezes maior do que a da China e 58 vezes maior do que a da Índia. Não só a produção britânica cresceu enormemente, como também houve um declínio da manufatura em termos absolutos na China e na Índia, visto que suas indústrias têxteis e metalúrgicas foram desbancadas pelos produtores mecanizados do Ocidente. No século XIX, a Ásia se transformou, passando de centro manufatureiro mundial a um conjunto de países subdesenvolvidos de tipo clássico, especializados na produção e exportação de produtos agrícolas.

A Figura 2 apresenta alguns pontos de inflexão na história mundial. De 1750 a 1880, a Revolução Industrial britânica foi o grande acontecimento. Nesse período, a participação da Grã-Bretanha na manufatura mundial passou de 2% para 23%, e foi a concorrência britânica que destruiu a manufatura tradicional da Ásia. O período de 1880 até a Segunda Guerra Mundial foi marcado pela industrialização dos Estados Unidos e da Europa continental,

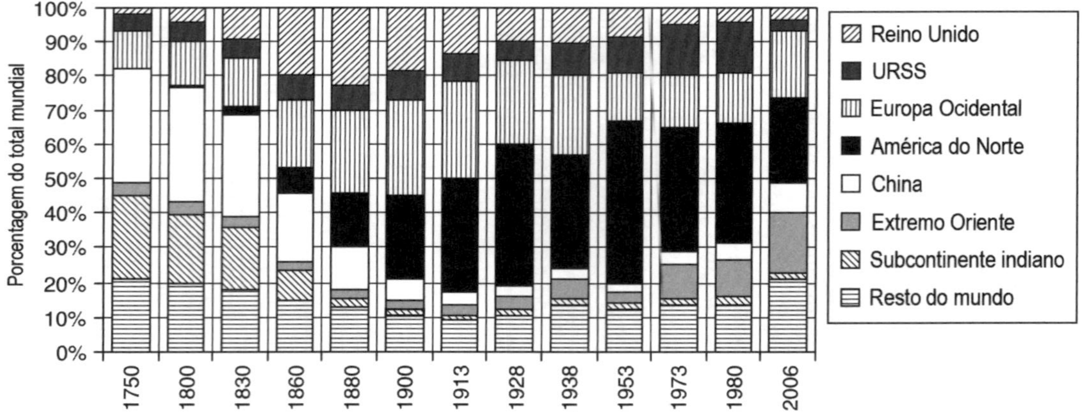

Figura 2. Distribuição da manufatura mundial

em particular da Alemanha. Suas participações chegaram, respectivamente, a 33% e 24% em 1938. A Grã-Bretanha perdeu terreno para esses concorrentes, e sua participação caiu para 13%. Desde a Segunda Guerra Mundial, a participação da URSS na produção industrial mundial teve um aumento acentuado até os anos 1980 e depois uma grande quebra, quando os países pós-soviéticos entraram em declínio econômico. O milagre do Extremo Oriente viu um aumento da participação na produção industrial mundial no Japão, Taiwan e Coreia do Sul, com 17%. A China também vem se industrializando desde 1980, e em 2006 produziu 9% das manufaturas mundiais. Se a China alcançar o Ocidente, o mundo fechará o círculo.

Salários reais

O PIB não é uma medida adequada do bem-estar. Ele deixa de fora muitos fatores, como saúde, expectativa de vida e nível de instrução. Além disso, a ausência de dados muitas vezes dificulta calcular o PIB; de todo modo, ele pode ser enganador, pois faz uma média entre as rendas dos ricos e dos pobres. Esses problemas podem ser contornados calculando os "salários reais", isto é, o padrão de vida que pode ser adquirido com os vencimentos individuais. Os salários reais nos revelam muito sobre o padrão de vida do indivíduo médio e ajudam a explicar as origens e a expansão da indústria moderna, pois o incentivo para aumentar a quantidade de máquinas usadas por cada trabalhador é maior quando a mão de obra é mais cara.

Vou me concentrar nos trabalhadores. Para medir o padrão de vida, é preciso comparar seus salários e os preços dos bens de consumo, e é preciso ter uma média desses preços para calcular um índice de preços ao consumidor. Meu índice é o custo para manter um homem no nível mínimo de subsistência (a maneira menos dispendiosa de ficar vivo). A dieta é de tipo vegetariano. A principal fonte de calorias são cereais cozidos ou pão ázimo, os legumes constituem um complemento rico em proteínas, a manteiga ou o óleo vegetal fornecem um pouco de gordura. Esta era a alimentação típica no mundo em 1500. Francisco Pelsaert, um comerciante holandês que visitou a Índia no começo do século XVII, observou que as pessoas em Délhi "não têm nada além de um pouco de *kedgeree*, feito de feijões misturados com arroz... comido com manteiga no final da tarde, hora em que mascam um pouco de fava seca ou outro grão". Os trabalhadores "pouco conhecem o gosto da carne". Na verdade, quase todas as carnes eram tabu.

A Tabela 2 mostra o padrão de consumo definindo a subsistência mínima para um homem adulto. A alimentação se baseia no cereal mais barato disponível em cada parte do mundo – aveia no noroeste da Europa, milho no México, painço no norte da Índia, arroz na costa da China e assim por diante. A quantidade de cereal é determinada de maneira que a dieta forneça 1.940 calorias diárias. As despesas excluindo a alimentação se restringem a peças de tecido, um pouco de combustível e algumas velas. As despesas se concentram na alimentação e, melhor dizendo, no carboidrato que é o componente da dieta.

A questão fundamental no padrão de vida é se um trabalhador em tempo integral ganhava o suficiente para sustentar uma família no nível mínimo de subsistência.

A Figura 3 mostra a relação entre salários por trabalho em tempo integral e o custo de sustento familiar. Hoje, os padrões de vida são semelhantes em toda a Europa. A última vez em que isso aconteceu foi no século XV. Os padrões de vida naquela época também eram altos: os trabalhadores ganhavam cerca do quádruplo do mínimo necessário para a subsistência. No século XVIII, porém, havia ocorrido uma grande divergência na Europa. O

Tabela 2. Cesta básica

	quantidade/ homem/ano	calorias diárias	proteína diária (gramas)
alimento			
cereal	167 kg	1.657	72
leguminosa	20 kg	187	14
carne	5 kg	34	3
manteiga	3 kg	60	0
total		1.938	89
não alimento			
sabão	1,3 kg		
linho/algodão	3 m		
velas	1,3 kg		
óleo de lampião	1,3 l		
combustível	2 milhões de BTUs		

Nota: A tabela se baseia em quantidades e valores nutricionais da dieta da Europa Ocidental e setentrional, à base de aveia. Para outras partes do mundo, a dieta utiliza o cereal mais barato disponível e, consequentemente, as quantidades exatas variam.

padrão de vida no continente despencou, e os trabalhadores ganhavam o suficiente apenas para comprar os itens da Tabela 2 ou equivalentes. Na Idade Média, os trabalhadores florentinos comiam pão, mas no século XVIII só podiam comer polenta, com o milho recém-chegado das Américas.

Em contraste, os trabalhadores em Amsterdã e Londres ainda ganhavam o quádruplo do mínimo de subsistência. Mas os trabalhadores de Londres em 1750 não comiam o quádruplo da aveia especificada na Tabela 2.

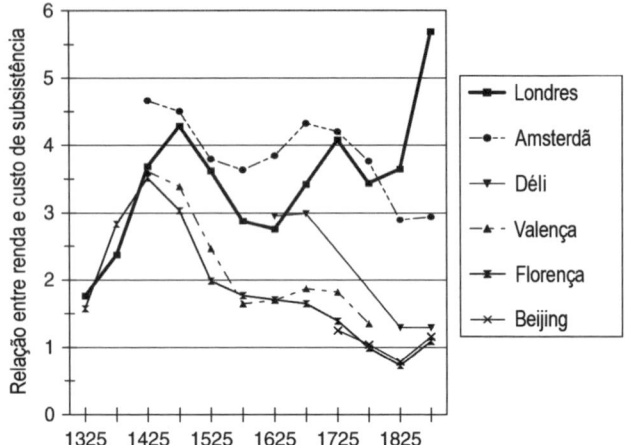

Figura 3. Proporção do mínimo de subsistência para trabalhadores diaristas

Mudaram a dieta, que passou a incluir pão branco, carne e cerveja. Era apenas na faixa celta que os britânicos comiam aveia. Como observou dr. Johnson, a aveia é "um cereal que, na Inglaterra, geralmente é dado aos cavalos, mas na Escócia sustenta o povo". Os trabalhadores do sul da Inglaterra também tinham renda para comprar os artigos de luxo do século XVIII, como um livro ou outro, um espelho, açúcar ou chá.

Os salários reais tiveram uma divergência tão acentuada quanto a do PIB *per capita*. A Figura 4 mostra o salário real dos trabalhadores em Londres de 1300 até o presente e em Beijing a partir de 1738. Em 1820, o salário real londrino já era quatro vezes acima do mínimo, e a proporção subiu a cinquenta vezes mais, especialmente a partir de 1870.

Mas, nos países pobres do mundo, os salários reais ainda estão no nível mínimo de subsistência. Em 1990, o Banco Mundial definiu uma linha de pobreza mundial

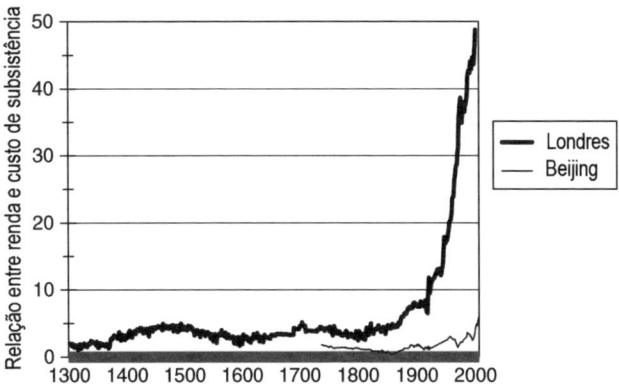

Figura 4. Proporção do mínimo de subsistência, Londres e Beijing

em $1 por dia (que agora, devido à inflação, subiu para $1,25). Esse número, que se baseia nas linhas de pobreza dos atuais países pobres, corresponde ao mínimo definido na Tabela 2. Essas cestas básicas deram como média $1,30 por pessoa por dia, de acordo com os preços de 2010. Atualmente, mais de um bilhão de pessoas (15% da população mundial) vive abaixo dessa linha, e a proporção era muito mais alta em 1500. Os trabalhadores em Beijing viviam nesses níveis no século XIX. O notável crescimento da China nas décadas recentes apenas sextuplicou o padrão de vida do trabalhador – nível que os trabalhadores britânicos alcançaram 150 anos atrás.

Agora podemos avaliar os baixos rendimentos mostrados na Tabela 1, para 1820. Estão expressos em dólares de 1990 e, naquela data, o custo mínimo de subsistência era de $1 por dia ou $365 por ano. A renda média na África subsaariana em 1820 era de $415 – apenas 15% acima do mínimo de subsistência, que era o padrão de vida da imensa maioria. Na maior parte da Ásia e da Europa Oriental, que tinham sociedades mais hierárquicas e sistemas agrícolas de capital mais intensivo, as rendas médias eram de apenas $500-$700. A maioria do povo vivia no nível de subsistência e o estado, a aristocracia e os comerciantes ricos ficavam com o excedente. O noroeste da Europa e os Estados Unidos tinham rendas de quatro a seis vezes acima do mínimo de subsistência. Apenas nessas sociedades os trabalhadores viviam acima do mínimo, como mostra a Figura 3. Essas economias eram suficientemente produtivas para também sustentar aristocracias e classes mercantis.

O nível mínimo de subsistência tem outras implicações para o bem-estar social e o progresso econômico. Primeiro, as pessoas com dieta mínima são baixas. A altura média dos italianos que se alistaram no exército habsbúrgico baixou de 167 cm para 162 cm quando a dieta passou de pão para polenta. Em contraste, os soldados ingleses do século XVIII tinham uma altura média de 172 cm, devido à alimentação mais nutritiva. (Hoje, o homem médio tem 176-8 cm de altura nos Estados Unidos, Reino Unido e Itália, enquanto os holandeses medem 184 cm na média.) Quando a altura das pessoas é tolhida por falta de alimentação, a expectativa de vida também cai e a saúde geral diminui. Segundo, pessoas que vivem no nível mínimo de subsistência também recebem menos instrução. Sir Frederick Eden, que fez um levantamento das rendas e do poder aquisitivo dos trabalhadores na Inglaterra nos anos 1790, descreveu o caso de um jardineiro de Londres que gastava 6 *pence* por semana mandando dois filhos à escola. A família comprava pão de trigo, carne, cerveja, açúcar e chá, e os ganhos dele (£37,75 por ano) eram cerca do quádruplo do mínimo de subsistência (um pouco abaixo de £10). Se a renda caísse de repente para o mínimo, a família teria de fazer uma enorme economia, e alguém duvida de que retirariam os filhos da escola? Salários altos contribuíam para o crescimento econômico por permitir boa saúde e facilitar o ensino generalizado. Por fim, e muito paradoxalmente, o nível mínimo de subsistência elimina a motivação econômica do país em se desenvolver economicamente. A necessidade de maior rendimento do trabalho diário é grande, mas a mão de obra é tão barata que as empresas não têm qualquer incentivo para inventar ou adotar máquinas que aumentem a produtividade. O mínimo de subsistência é uma armadilha da pobreza. A Revolução Industrial foi o resultado, e não apenas a causa, de salários altos.

Capítulo 2
A ascensão do Ocidente

Por que o mundo se tornou cada vez mais desigual? Tanto "elementos fundamentais", como a geografia, as instituições ou a cultura, quanto "acasos da história" tiveram seu papel.

A geografia é importante. A malária atrasa os trópicos, e os depósitos de carvão da Grã-Bretanha deram sustentação à Revolução Industrial. Mas a geografia raramente é a única explicação, pois sua importância depende da tecnologia e das oportunidades econômicas; na verdade, um dos objetivos da tecnologia é reduzir o peso de uma geografia desfavorável. No século XVIII, por exemplo, a localização dos depósitos de ferro e carvão determinou a localização dos altos-fornos. Hoje, o transporte marítimo é tão barato que o Japão e a Coreia adquirem seu carvão e seu minério de ferro da Austrália e do Brasil.

A cultura tem sido uma explicação muito corrente para o êxito econômico. Max Weber, por exemplo, sustentava que o protestantismo tornara os europeus do norte mais racionais e mais industriosos do que qualquer outro povo. A teoria de Weber parecia plausível em 1905, quando a Inglaterra protestante era mais rica do que a Itália católica. Hoje, porém, o inverso é que é verdadeiro e a teoria de Weber não se sustenta mais. Outro argumento cultural defende que os camponeses do Terceiro Mundo são pobres porque se prendem a métodos tradicionais e não respondem a incentivos econômicos. Mas o contrário é que é verdadeiro: os agricultores dos países pobres experimentam novos métodos e culturas, empregam mão de obra até onde compensa, adotam sementes e fertilizantes modernos quando são rentáveis e trocam de produto agrícola em resposta a mudanças de preço, tal como fazem os agricultores dos países ricos. Os camponeses são pobres porque recebem preço baixo por seus produtos e não dispõem de tecnologia apropriada – e não porque se recusem a usá-la.

Embora as explicações culturais que invocam a irracionalidade e a indolência sejam contestáveis, existem alguns aspectos culturais que afetam o desempenho econômico. Em particular, a ampla alfabetização e rudimentos de aritmética são condições necessárias (embora não suficientes) para o êxito econômico desde o século XVII. Essas habilidades mentais ajudam a prosperidade do comércio e o desenvolvimento da ciência e da tecnologia. A alfabetização e a aritmética são difundidas pelo ensino de massas, o qual se tornou uma estratégia universal para o desenvolvimento econômico.

A importância das instituições políticas e jurídicas é tema de debates acesos. Muitos economistas afirmam que o êxito econômico resulta de direitos sólidos de propriedade, de impostos baixos e do mínimo de intervenção do governo. Um governo arbitrário é negativo para o crescimento, porque leva a impostos altos, a regulações, à corrupção e exploração de privilégios de tipo rentista (*rent-seeking*) – e tudo isso reduz o incentivo a produzir. Quando se aplica essa abordagem à história, os argumentos são que as monarquias absolutistas, como as da Espanha e da França, ou os impérios, como os da China, de Roma ou dos astecas, sufocaram a atividade econômica proibindo o comércio internacional e ameaçando a propriedade ou até a vida. Essas posições, evidentemente, reproduzem as de Adam Smith e de outros liberais setecentistas. O êxito no desenvolvimento econômico se deu graças à substituição do absolutismo pelo governo representativo. A Holanda se revoltou contra o domínio espanhol em 1568 e se organizou como república. A partir daí, o país cresceu rapidamente. A economia inglesa sofreu no começo do século XVII sob Jaime I e Carlos I, que impuseram uma tributação de legalidade duvidosa e arrecadaram empréstimos compulsórios. As tentativas de Carlos de governar sem o Parlamento falharam, irrompeu a guerra civil e, em 1649, o rei foi condenado por traição e executado. Após a Restauração, porém, prosseguiram as disputas entre a Coroa e o Parlamento, que por fim culminaram na Revolução Gloriosa de 1688, quando Jaime II fugiu do país e o Parlamento deu a Coroa a Guilherme e Maria. Com a supremacia do Parlamento, o absolutismo foi contido e a economia teve enorme crescimento. Assim diz a história dos economistas.

Mas, enquanto os economistas têm celebrado a superioridade das instituições britânicas, os historiadores vêm examinando como a monarquia absolutista e o despotismo oriental efetivamente operavam. A conclusão usual é que eles promoveram a paz, a ordem e o bom governo. O comércio internacional floresceu, a especialização regional aumentou, as cidades se expandiram. Conforme aumentou a especialização das regiões, a receita nacional cresceu, num processo que veio a se chamar "crescimento smithiano". A maior ameaça à prosperidade era a invasão de bárbaros atraídos pela riqueza da civilização – e não a expropriação ou a intervenção do imperador.

A primeira globalização

Embora as instituições, a cultura e a geografia sempre estejam no plano de fundo, a transformação tecnológica, a globalização e a política econômica vieram a se mostrar como as causas imediatas do desenvolvimento desigual. A própria Revolução Industrial, aliás, foi resultado da primeira fase de globalização, que se iniciou nas décadas finais do século XV, com as viagens de Colombo, Magalhães e os outros grandes exploradores. A grande divergência, portanto, começa com a primeira globalização.

A globalização exigia navios que pudessem singrar o mar alto. Até o século XV, os europeus não dispunham de tais embarcações. Os navios "armados em galera", inventados naquela época, tinham três mastros – o da frente e o do meio tinham velas quadradas e o de trás tinha vela latina. O casco mais robusto e o uso de lemes em vez de remos para dar a direção resultaram em navios capazes de navegar por todo o globo.

O impacto comercial do navio armado em galera foi sentido inicialmente na Europa. No século XV, os holandeses começaram a embarcar cereal polonês em Danzig para a Holanda e, no final do século XVI, para a Espanha, Portugal e o Mediterrâneo. Logo a seguir vieram os têxteis. As cidades italianas tinham dominado o setor de tecidos na Idade Média, mas os fabricantes ingleses e holandeses conseguiram fazer um tecido inferior e mais leve, imitando os tecidos italianos. No começo do século XVII, o Mediterrâneo foi inundado com essas "novas fazendas" e os ingleses e holandeses expulsaram os italianos do mercado. Foi uma mudança de grande importância, que deu início à transferência do setor manufatureiro europeu para o noroeste da Europa.

Mas o impacto mais profundo do navio armado em galera se deu com as Viagens de Descobrimento. Redes inteiras de mercadores indianos, árabes e venezianos embarcavam pimenta e especiarias da Ásia para a Europa, passando pelo Oriente Médio, e os portugueses queriam vencer a concorrência com uma rota apenas marítima. No século XV, os portugueses desceram pela costa africana, procurando uma rota para o Oriente.

Em 1498, Vasco da Gama alcançou Cochin, na Índia, e lotou seu navio de pimenta. O preço em Cochin era cerca de 4% do preço na Europa (Figura 5). Os outros 96% da diferença de preço correspondiam a custos de transporte. Em 1760, a distância entre os preços indianos e os preços ingleses, da Figura 5, tinha caído em 85%, redução esta que dá uma medida do ganho de eficiência com a rota marítima. No século XVI, porém, apenas Portugal se beneficiou com o corte nos custos de transporte, visto que sua companhia comercial, pertencente ao estado, manteve o preço no nível medieval e embolsou a diferença como lucro. Foi o surgimento das Companhias das Índias Orientais, a inglesa e a holandesa, no começo do século XVII, que rompeu o monopólio marítimo de Portugal e reduziu o preço europeu em dois terços. O preço real recebido pelos vendedores indianos aumentou pouco: a maior parte dos ganhos de eficiência no comércio asiático foi repassada aos consumidores europeus.

O marinheiro genovês Cristóvão Colombo propôs, como seria de se esperar, a alternativa de navegar a oeste, indo da Europa diretamente para a Ásia. Ele convenceu o

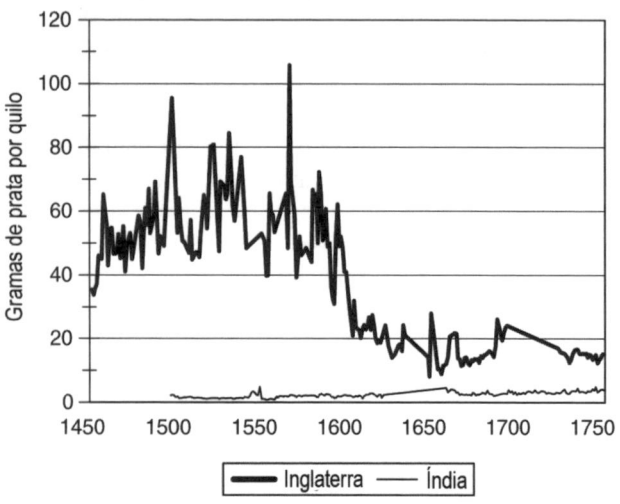

Figura 5. Preço da pimenta, ajustado ao nível de preços de 1600

rei Fernando e a rainha Isabel de Espanha a financiarem sua expedição e chegou às Bahamas em 12 de outubro de 1492, certo de que havia alcançado as Índias Orientais. Mas o que ele "descobriu" foram as Américas, e isso mudou a história do mundo.

As viagens de Colombo e de Vasco da Gama desencadearam uma disputa renhida pelo império, e os primeiros vencedores foram os portugueses e os espanhóis. Nas duas batalhas de Diu (1509 e 1538), os portugueses derrotaram as forças venezianas, otomanas e asiáticas e instauraram sua hegemonia no Oceano Índico. Então prosseguiram a leste, na direção da Indonésia, criando uma série de colônias ao longo do caminho. Por fim, os portugueses alcançaram as fabulosas Ilhas das Especiarias (isto é, as Molucas, na Indonésia), onde a noz-moscada, o macis e o cravo eram nativos. Em 1500, os portugueses também descobriram por acaso o Brasil, que se tornou a maior colônia de Portugal.

O império espanhol era ainda mais rico. Seus maiores êxitos foram as conquistas do império asteca em 1521, por Hernan Cortez, e do império inca onze anos depois, por Francisco Pizarro. Em ambos os casos, os espanhóis derrotaram grandes exércitos nativos com número reduzido de homens e uma combinação de armas de fogo, cavalos, varíola e artimanhas. A pilhagem dos astecas e incas resultou em riquezas imediatas para a Espanha. À conquista seguiu-se a descoberta de grandes minas de prata na Bolívia e no México. A enorme quantidade de prata que inundou a Espanha pagou os exércitos habsbúrgicos que combatiam os protestantes em toda a Europa, forneceu aos europeus dinheiro para comprar mais artigos asiáticos e desencadeou um período de inflação que se prolongou por décadas, conhecido como a Revolução dos Preços.

As proezas imperiais dos europeus do norte foram modestas no século XVI. Os ingleses mandaram Giovanni

Caboto (John Cabot) para o oeste em 1497, e ele chegou a Cape Breton ou Terra Nova. Isso contou como um descobrimento, embora fizesse séculos que os marinheiros bascos pescavam nos Grandes Bancos. Os franceses enviaram Jacques Cartier ao Canadá em três viagens, nos anos 1530 e 1540. O comércio de peles com os nativos era ínfimo, em comparação com o México ou as Molucas.

Foi somente no século XVII que os europeus setentrionais se tornaram imperialistas importantes. A organização favorita deles era uma companhia das Índias Orientais que conjugava imperialismo e iniciativa privada. De modo geral, essas companhias eram sociedades anônimas altamente capitalizadas que comerciavam na Ásia ou nas Américas, mantinham forças militares e navais e criavam entrepostos fortificados no exterior. Todas as potências setentrionais tinham essas sociedades. A Companhia Inglesa das Índias Orientais foi fundada em 1600 e sua correspondente holandesa, em 1602.

A Companhia Holandesa das Índias Orientais criou um império holandês na Ásia em prejuízo dos portugueses. Os holandeses tomaram as Molucas em 1605, Málaca em 1641, o Ceilão em 1658 e Cochin em 1662. Em 1619, estabeleceram Jacarta como capital de suas possessões indonésias. Os holandeses também tomaram o Brasil nos anos 1630 e 1640. Colonizaram ilhas açucareiras no Caribe e fundaram Nova York em 1624 e a Colônia do Cabo na África do Sul em 1652.

Os ingleses também criaram um império no século XVII. Na Ásia, a Companhia Inglesa das Índias Orientais derrotou os portugueses na batalha naval de Swally, em Surat, em 1612. Posteriormente, estabeleceram entrepostos fortificados em Surat (1612), Madras (1639), Bombaim (1668) e Calcutá (1690). Em 1647, a Companhia das Índias Orientais tinha 23 estabelecimentos na Índia. Nas Américas, vários grupos e indivíduos criaram colônias.

O primeiro sucesso foi Jamestown, na Virgínia, em 1607. Seguiu-se a lendária colônia de Plymouth, em 1620, e dez anos depois a colônia muito mais importante da Baía de Massachusetts. Os ingleses tomaram as Bahamas e uma série de ilhas no Caribe nos anos 1620 e 1630. A Jamaica foi acrescentada em 1655.

O estado inglês expandiu ativamente seu império – em prejuízo sobretudo dos holandeses. Oliver Cromwell deu os primeiros passos durante o Commonwealth (1640-1660), e a expansão prosseguiu após a Restauração. Houve um grande aumento nos gastos com a marinha. A primeira Lei de Navegação foi aprovada em 1651. Essa medida mercantilista se destinava a excluir os holandeses do comércio com o império inglês. A primeira guerra anglo-holandesa (1652-54) se travou por razões comerciais, mas esteve longe de ser um sucesso. Depois da restauração de Carlos II, em 1660, houve a reinstituição e a ampliação das Leis de Navegação, expandiu-se a Marinha (agora Real), travaram-se novas guerras contra os holandeses em 1665-67 e 1672-74. Nova York foi capturada em 1664. Criaram-se colônias inglesas ao longo da costa americana, da Geórgia ao Maine. A economia das colônias cresceu rapidamente, com a exportação de tabaco, arroz, trigo e carne para a Inglaterra e o Caribe. Em 1770, a população da América Britânica tinha alcançado 2,8 milhões, quase metade da população da Inglaterra.

O comércio da Grã-Bretanha e da Holanda com suas colônias deu grande impulso a suas respectivas economias. Houve crescimento das cidades e das manufaturas para exportação. A estrutura ocupacional mudou de acordo. A Tabela 3 divide as populações dos principais países europeus em três grupos: agrícola, urbano e rural não agrícola. Na Idade Média, cerca de três quartos da população estava no setor agrícola, a maior parte da manufatura se concentrava nas cidades e a "população

Tabela 3. Distribuição percentual da população por setor, 1500-1750

	1500			1750		
	urbana	rural não agrícola	agrícola	urbana	rural não agrícola	agrícola
maior transformação						
Inglaterra	7%	18%	74%	23%	32%	45%
modernização significativa						
Holanda	30	14	56	36	22	42
Bélgica	28	14	58	22	27	51

ligeira evolução					
Alemanha	8	18	73	9	27	64
França	9	18	73	13	26	61
Áustria/Hungria	5	19	76	78	32	61
Polônia	6	19	75	4	36	60
pouca mudança					
Itália	22	16	62	22	19	59
Espanha	19	16	65	21	17	62

rural não agrícola" consistia em artesãos, sacerdotes, carroceiros e criados das casas de campo. Em 1500, a Itália e a Espanha eram as economias mais avançadas, com as maiores cidades que produziam as melhores manufaturas. Os Países Baixos (sobretudo a Bélgica atual) eram uma extensão dessa economia. A população holandesa era muito pequena, e a Inglaterra quase se resumia a uma pastagem de carneiros.

Às vésperas da Revolução Industrial, já tinham ocorrido mudanças importantes. A Inglaterra foi o país que mais se transformou. A porcentagem da população na agricultura havia caído para 45%. Era o país no processo mais rápido de urbanização na Europa. Londres passou de 50 mil habitantes em 1500 para 200 mil em 1600, para 500 mil em 1700 e, por fim, 1 milhão em 1800. A "parcela rural não agrícola" da população era de 32% em 1750. Em sua maioria, essas pessoas trabalhavam em indústrias manufatureiras, cujos produtos eram remetidos para toda a Europa e, às vezes, para todo o mundo. Os artesãos em Witney, Oxfordshire, por exemplo, vendiam cobertores à Companhia da Baía de Hudson, que os trocava por peles com os nativos do Canadá. A economia dos Países Baixos se desenvolveu numa trajetória semelhante. A Holanda era ainda mais urbanizada do que a Inglaterra e também tinha um grande setor manufatureiro rural, voltado para produtos de exportação.

O resto da Europa sofreu transformações muito menores. Os grandes países continentais tiveram uma pequena redução no percentual da população ocupada na agricultura e um aumento correspondente na manufatura rural, com pouca urbanização adicional. A Espanha e a Itália parecem estacionárias, sem mudanças na distribuição de suas populações.

A Espanha foi especialmente desventurada. No século XVI, parecia a imperialista de maior sucesso, pois a América Latina rendia uma quantidade enorme de prata. Mas as importações de prata levaram a uma inflação muito maior na Espanha do que nos outros países. Em função disso, a agricultura e a manufatura espanholas perderam a competitividade. A estabilidade no percentual da população urbana na Espanha oculta grandes mudanças – as populações das antigas cidades industriais tiveram forte decréscimo, enquanto Madri se expandia com a pilhagem na América. A globalização impulsionou a Europa de noroeste, mas tolheu a Europa meridional.

O sucesso na economia global teve grandes implicações para o desenvolvimento econômico, incluindo:

Primeiro, o crescimento na urbanização e na manufatura rural aumentou a demanda de mão de obra e levou a um denso mercado de trabalho e altos salários. Os padrões de vida em Londres e Amsterdã eram altos (Figura 3).

Segundo, as cidades em crescimento e uma economia de altos salários geraram grandes demandas na agricultura por alimento e mão de obra. Disso resultaram as revoluções agrícolas na Inglaterra e na Holanda. A produtividade individual na agricultura aumentou em cerca de 50% nos dois países e atingiu os níveis mais altos na Europa.

Terceiro, a alta nas demandas urbanas também levou a revoluções de energia na Inglaterra e na Holanda. Na Idade Média, os principais combustíveis usados nas cidades eram a lenha e o carvão vegetal. Com o crescimento das cidades, os preços da lenha dispararam e desenvolveram-se combustíveis em substituição a ela. Na Holanda, a alternativa foi a turfa; na Inglaterra, foi o carvão mineral. O carvão era extraído nas minas de Durham e Northumberland e transportado ao longo da costa até Londres. A Inglaterra era o único país do mundo com uma indústria de mineração do carvão no século XVIII, o que também lhe deu acesso à energia mais barata do mundo, como indica a Figura 6.

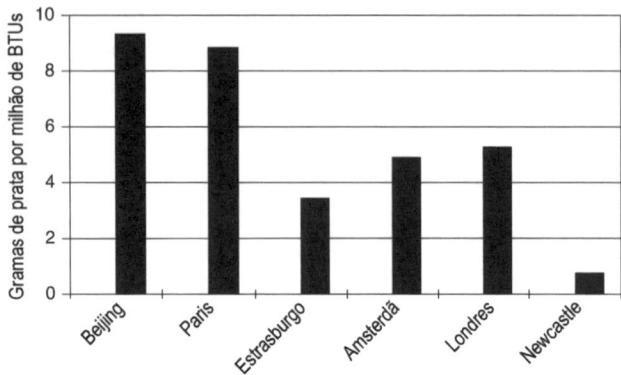

Figura 6. Preço da energia

Tabela 4. Adultos alfabetizados, 1500 e 1800. Percentual da população adulta que conseguia assinar o próprio nome

	1500	1800
Inglaterra	6	53
Holanda	10	68
Bélgica	10	49
Alemanha	6	35
França	7	37
Áustria / Hungria	6	21
Polônia	6	21
Itália	9	22
Espanha	9	20

Quarto, a economia de altos salários gerou um alto nível de alfabetização, aritmética e qualificação da mão de obra em geral. A Tabela 4 mostra estimativas de alfabetização (medida pela capacidade de assinar o nome, em vez de marcar com um xis) em 1500 e 1800. A alfabetização aumentou em toda a Europa, mas seu maior crescimento foi no noroeste. A Reforma não explica esse crescimento, como se supõe frequentemente, pois o nível de alfabetização era tão alto no nordeste da França, na Bélgica e no vale do Reno – todos eles, áreas católicas – quanto na Holanda ou na Inglaterra. O aumento da alfabetização decorreu da economia comercial de altos salários. A expansão do comércio e da manufatura aumentou a demanda por ensino, conferindo valor econômico à instrução; ao mesmo tempo, a economia de altos salários permitia aos pais os recursos para pagar a escola dos filhos.

Capítulo 3
A Revolução Industrial

A Revolução Industrial (entre 1760 e 1850, aproximadamente) marcou uma inflexão na história mundial, pois inaugurou a era do crescimento econômico sustentado. A Revolução não foi uma descontinuidade abrupta, como sugere o nome, e sim o resultado das transformações na economia moderna em sua fase inicial que apresentamos no capítulo anterior. O índice de crescimento econômico atingido no século a partir de 1760 (1,5% ao ano) era muito baixo pelos padrões dos milagres econômicos recentes, em que o PIB chegou a crescer de 8 a 10% ao ano. Mas a Grã-Bretanha continuava a ampliar a fronteira tecnológica do mundo, e isso é sempre mais lento do que alcançar o líder importando sua tecnologia, que é como os países têm crescido muito rapidamente. Além disso, a grande realização da Revolução Industrial britânica foi levar a um crescimento contínuo, de modo que a receita contribuiu para a atual prosperidade de massas.

A transformação tecnológica foi o motor da Revolução Industrial. Houve inventos famosos, como a máquina a vapor, as máquinas para fiar e tecer o algodão, e os novos processos para fundir e refinar o ferro e o aço usando como combustível o carvão mineral em lugar da lenha. Além disso, surgiu uma variedade de máquinas mais simples, que aumentavam a produtividade da mão de obra em setores menos espetaculares, como a fabricação de chapéus, alfinetes e pregos. Houve também a criação de uma série de novos produtos ingleses, muitos dos quais, como a porcelana Wedgwood, se inspiravam em manufaturas asiáticas.

No século XIX, a engenharia ampliou o campo de aplicação das invenções mecânicas do século XVIII.

A máquina a vapor foi empregada no transporte, com a invenção da estrada de ferro e do navio a vapor. As máquinas movidas a motor, de uso inicialmente restrito a fábricas têxteis, passaram a ser usadas na indústria em geral.

A pergunta é: por que a tecnologia revolucionária foi inventada na Inglaterra e não na Holanda ou na França, ou mesmo na China ou Índia?

Contexto cultural e político

A Revolução Industrial ocorreu num contexto político e cultural específico que era favorável à inovação, o que pode ajudar a explicá-la.

A constituição inglesa era um modelo tanto para os liberais europeus quanto para os economistas modernos. Estava longe de ser democrática: apenas de 3% a 5% dos ingleses podiam votar, e os escoceses menos ainda. A Coroa continuava a deter grande parte do poder – em especial, o poder de fazer guerra e paz. Embora o Parlamento tivesse o direito constitucional de recusar fundos para a guerra, nunca lançou mão dele.

A constituição inglesa tinha muitas características que promoviam o crescimento econômico, embora não sejam as mesmas ressaltadas pelos economistas modernos, que dão destaque às restrições tributárias e à segurança da propriedade. A supremacia parlamentar, na verdade, resultou no contrário. Embora os monarcas franceses se dissessem absolutos, não podiam aumentar os tributos sem consentimento, e foi uma crise nas finanças públicas que precipitou a Revolução, quando Luís XVI se viu obrigado a reunir os États généraux em 1789. A nobreza na França era isenta de impostos, mas o Parlamento inglês introduziu um imposto fundiário em 1693 que recaía não só sobre os plebeus, mas também sobre a nobreza. A maior parte da arrecadação, porém, provinha de impostos sobre bens de consumo, como a cerveja, e produtos importados, como o açúcar e o tabaco. Esses impostos recaíam basicamente sobre os trabalhadores, que não tinham representação no Parlamento. O Parlamento pode ter imposto limites à Coroa, mas, na ausência da democracia, quem limitava o Parlamento?

Em suma, o estado inglês arrecadava cerca do dobro *per capita* do que arrecadava o estado francês e gastava uma parcela maior da renda nacional. Pode-se argumentar que essas despesas promoveram o crescimento econômico. A maior parte do dinheiro se destinava ao exército e à marinha. Ocasionalmente, as forças do exército se direcionavam para o exterior, mas estavam sempre a postos para manter a ordem interna, dissolvendo assembleias contrárias à mecanização ou em favor da democracia. A marinha era direcionada para a expansão do império britânico e a promoção do comércio do país. Mesmo os trabalhadores ganhavam com isso, visto que o imperialismo era a base da economia de salários altos, que por sua vez levou ao crescimento, impulsionando a transformação técnica para cortar os custos de mão de obra. Se Luís XIV dispusesse do poder de impor tributos, poderia ter promovido a prosperidade francesa, mantendo a marinha francesa em estado de permanente prontidão, em vez de ampliá-la ou diminuí-la conforme a alternância entre guerra e paz.

O crescimento também foi promovido pelo poder do Parlamento em tomar as propriedades das pessoas à sua revelia. Isso não era possível na França. Na verdade, poderíamos argumentar que a França sofreu por excesso de segurança da propriedade privada: não foi possível implantar projetos rentáveis de irrigação na Provença, porque a França não tinha um equivalente aos decretos privados do Parlamento britânico, os quais simplesmente passavam por cima dos proprietários contrários ao cercamento de suas terras ou à construção de canais ou estradas com pedágio atravessando suas áreas. O que a Revolução Gloriosa significou na prática foi que o "poder despótico" do estado, que "antes de 1688 estava disponível apenas de modo intermitente [...], a partir de então passou a estar sempre disponível".

Além de um sistema político favorável, a Revolução Industrial teve como apoio uma cultura científica que então se formava. A Revolução Científica do século XVII levou a várias descobertas sobre o mundo natural que foram aplicadas na prática por inventores do século XVIII. Ademais, o sucesso da filosofia natural conferia credibilidade ao método científico, isto é, a ideia de que o mundo é regido por leis que podem ser descobertas pela observação e aplicadas à melhoria da vida humana. A maior conquista foi o modelo newtoniano do sistema solar, que inspirou uma reorientação das ideias da elite sobre a religião e a natureza.

Até que ponto a cultura popular participou dessa reorientação é uma questão em aberto. Há exemplos importantes de inventores da classe trabalhadora que adotaram o modelo newtoniano. John Harrison, por exemplo, recebeu emprestado de um clérigo um exemplar das preleções de Saunderson sobre filosofia natural, um ensaio newtoniano, e fez uma cópia dele. Esse interesse inicial de Harrison por Newton o terá levado a inventar o cronômetro? Por outro lado, persistia o entusiasmo popular pela feitiçaria, que era a alternativa medieval à ciência. É provável que mais gente acreditasse em feitiçaria do que nas leis do movimento de Newton. Os sermões de John Wesley atraíam milhões de seguidores, e sua posição era que "renunciar à feitiçaria é, de fato, renunciar à Bíblia".

As mudanças sociais tiveram um papel mais direto do que os *Principia Mathematica* de Newton nas transformações da cultura popular. As mudanças de maior impacto foram a urbanização e o crescimento do comércio. Incentivaram a difusão da alfabetização por valorizarem o saber ler, escrever e fazer contas. No século XVIII, a maioria dos filhos de artífices, artesãos, pequenos comerciantes e agricultores e uma menor proporção dos filhos de lavradores e diaristas cursavam vários anos de ensino primário. Muitas moças também eram alfabetizadas. Disso resultou um público que lia os jornais e acompanhava a política a um grau sem precedentes. Era um novo mundo, onde um radical como Tom Paine podia alcançar a celebridade vendendo centenas de milhares de cópias de *Os direitos do homem*.

Explicando a Revolução Industrial

As descobertas científicas eram conhecidas em toda a Europa e o entusiasmo pela filosofia natural era amplamente disseminado entre as elites. Esses desenvolvimentos culturais, portanto, não são capazes de explicar por que a Revolução Industrial se deu na Inglaterra. A explicação reside na estrutura de salários e preços, exclusiva da Grã-Bretanha. Devido à economia britânica de energia barata e mão de obra cara, para as empresas britânicas era lucrativo inventar e utilizar as inovações tecnológicas da Revolução Industrial.

Nos Capítulos 1 e 2, vimos que os salários na Grã-Bretanha eram altos a ponto de permitir que a maioria do povo consumisse pão, carne e cerveja, em vez de se manter no nível de subsistência com pratos à base de aveia. Mais precisamente, no que se refere à tecnologia, os salários britânicos eram altos em relação ao preço do capital (Figura 7). Nas décadas finais do século XVI, o índice salarial relativo ao preço dos serviços do capital era semelhante no sul da Inglaterra, na França e na Áustria, que são representativas da Europa continental. Nos meados do século XVIII, porém, o trabalho em relação ao capital era

60% mais caro na Inglaterra do que no continente. Nas décadas iniciais do século XIX, primeira vez em que se pode fazer uma comparação com a Ásia, o trabalho em relação ao capital era ainda mais barato na Índia do que na França ou na Áustria. O incentivo à mecanização da produção era correspondentemente menor na Índia.

Aconteceu o mesmo com a energia. A Grã-Bretanha, sobretudo nas regiões de carvão no norte e no centro, tinha a energia mais barata do mundo. Em decorrência disso, a energia comparada à mão de obra era muito mais barata na Inglaterra do que em qualquer outro lugar.

Devido a tais diferenças nos preços e salários, para as empresas na Inglaterra era lucrativo utilizar uma tecnologia que economizasse na mão de obra cara, aumentando o uso de capital e de energia barata. Com mais capital e energia à disposição, os trabalhadores britânicos se tornaram mais produtivos – o segredo do crescimento econômico. Na Ásia e na África, a mão de obra barata levou ao resultado contrário.

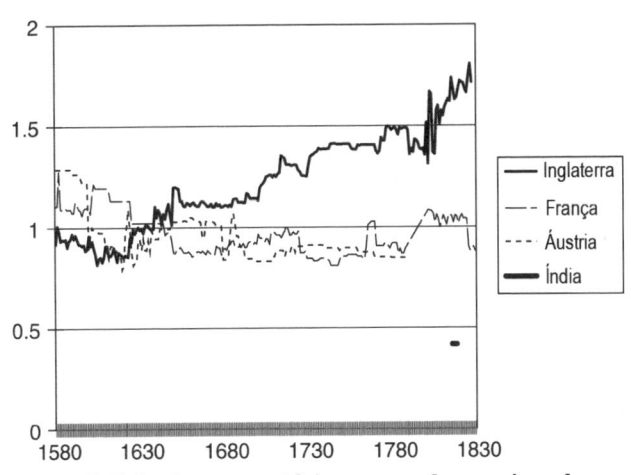

Figura 7. Relação entre salário e preço dos serviços de capital

A indústria algodoeira

Há uma frase famosa de Eric Hobsbawm: "Quem diz Revolução Industrial diz Algodão". Desde um modestíssimo início nos meados do século XVIII, o setor algodoeiro veio a se tornar o maior setor da Grã-Bretanha, respondendo por 8% do PIB em 1830 e 16% dos empregos na manufatura britânica. O algodão foi o primeiro setor a ser transformado pela produção fabril. O crescimento do setor levou ao crescimento explosivo de Manchester e de muitas cidades menores no norte da Inglaterra e na Escócia. A expansão britânica se deu em detrimento da Índia, da China e dos países do Oriente Médio. Quando, por fim, esses países voltaram a se reindustrializar, o algodão foi um dos primeiros setores a que eles se dedicaram.

No século XVII, a China e a Índia tinham as maiores indústrias algodoeiras do mundo. Bengala, Madras e Surat enviavam tecidos de algodão pelo Oceano Índico, chegando à África Ocidental. O algodão também era produzido em pequenos centros de toda a Ásia e África. No final do século XVII, as várias companhias das Índias Orientais começaram a remeter musselinas e morins para a Europa, onde podiam concorrer bem contra o linho e a lã, os principais têxteis europeus. O algodão teve tal êxito que a França proibiu sua importação em 1686, e os ingleses restringiram o consumo interno. Mas havia um grande mercado de exportação para a África Ocidental, onde os tecidos de algodão eram trocados por escravos. Nesse mercado, o tecido inglês concorria com o tecido indiano.

A concorrência internacional foi o estímulo que levou à mecanização da fiação do algodão. Quanto mais fino o algodão, mais demorada era a fiação. Os salários na Inglaterra eram tão altos que a concorrência com a Índia só era possível nos tecidos mais grosseiros. Havia um grande mercado para tecidos mais finos, mas a Inglaterra só conseguiria concorrer se fossem inventadas máquinas para reduzir a mão de obra. O que estava em jogo era considerável: em 1750, Bengala fiava cerca de 38 mil toneladas de algodão por ano, enquanto a Grã-Bretanha conseguia apenas 1,3 mil toneladas. Houve várias tentativas de mecanizar a produção. A máquina de fiação de fusos múltiplos de James Hargreaves, a *spinning jenny*, desenvolvida em meados dos anos 1760, foi a primeira máquina de sucesso comercial, acompanhada de perto pela máquina de Richard Arkwright, movida a água. Samuel Crompton inventou nos anos 1770 uma máquina de fiação que era um cruzamento entre a *jenny* e a fiandeira hidráulica (e daí seu nome de *mule*) e se tornou a base da fiação mecânica durante cem anos.

Essas máquinas não deviam nada às descobertas científicas. Nenhuma trazia qualquer grande salto conceitual; pelo contrário, exigiam anos de desenvolvimento técnico experimental até chegar a projetos que funcionassem de maneira confiável. A frase de Thomas Edison de que "a invenção é 1% de inspiração e 99% de transpiração" se aplica perfeitamente à indústria cotonifícia.

O ponto central para explicar por que a Revolução Industrial foi inventada na Grã-Bretanha, portanto, é saber por que os inventores britânicos gastavam tanto tempo e dinheiro com P&D (Pesquisa e Desenvolvimento, ou seja, a "transpiração" de Edison) para operacionalizar ideias que muitas vezes eram banais. A resposta é que as máquinas inventadas aumentavam o uso de capital para economizar em mão de obra. Por conseguinte, eram rentáveis onde o trabalho era caro e o capital barato, ou seja, na Inglaterra. Em nenhum outro lugar as máquinas seriam rentáveis. E é por isso que a Revolução Industrial foi britânica.

O fio de algodão era manufaturado em três etapas. Primeiro, abriam-se os fardos de algodão bruto e removiam-se os detritos e impurezas. Depois, o algodão era cardado, isto é, as filaças eram desembaraçadas e alinhadas numa manta frouxa, chamada maçaroca, passando o algodão entre cardas guarnecidas de pregos ou pinos de metal. A seguir, a maçaroca era fiada em meadas com o fio pronto para uso. Antes das máquinas, usava-se a roca de polia para fios finos e a roda de fiar servia para fios grosseiros. Em ambos os casos, a maçaroca era estendida para afinar o fio, que então era retorcido para ganhar resistência e, por fim, o fio era enrolado num fuso ou bobina enviada aos tecelões.

Todas essas etapas foram mecanizadas. De fato, a maior realização de Richard Arkwright foi projetar uma fábrica (Cromford Mill No. 2) onde as máquinas ficavam dispostas numa sequência lógica, a qual se tornou o modelo dos primeiros cotonifícios na Grã-Bretanha, nos Estados Unidos e no continente europeu. O xis do problema era a fiação, e os inventores vinham trabalhando nele pelo menos desde os anos 1730. Lewis Paul e John Wyatt estavam no caminho certo nos anos 1740 e 1750 com seu sistema de fiação em cilindros, mas a fábrica de ambos em Birmingham sempre deu prejuízo. A *spinning jenny* de James Hargreaves, inventada nos anos 1760, foi a primeira máquina de fiar que teve sucesso comercial. Foi um desenvolvimento da roca de fiar, acrescentando vários fusos a partir da mesma roda e usando uma estrutura articulada de barras e encaixes que imitavam os movimentos das mãos do fiandeiro. Arkwright utilizou os serviços de relojoeiros durante cinco anos para aperfeiçoar sua máquina movida a água, que usava cilindros. Com a rotação dos cilindros, a maçaroca era estendida ao passar por uma sucessão de cilindros aos pares, os quais, como calandras, iam puxando e avançando o algodão. Cada par de cilindros girava mais depressa do que o anterior, e assim os fios se encompridavam e se afinavam ao ser simultaneamente puxados em sentidos contrários.

A *mule* de Crompton foi a última grande máquina de fiar. Combinava as traves articuladas da *jenny* de Hargreaves e os cilindros da estrutura hidráulica de Arkwright, resultando numa máquina capaz de fiar um fio muito mais fino do que todas as outras máquinas. A *jenny* e a fiandeira hidráulica deram competitividade à Inglaterra frente aos produtores indianos no fio grosso, enquanto a *mule* permitiu à Inglaterra a produção de fio fino a baixo custo.

A dinâmica econômica dessas máquinas era semelhante. Todas elas diminuíam o número de horas necessárias para produzir uma libra de fio. Ao mesmo tempo, aumentavam o capital necessário por libra. Em consequência disso, a redução dos custos com a fiação mecânica era maior onde a mão de obra era mais cara. Nos anos 1780, o índice de retorno para montar uma fábrica Arkwright era de 40% na Inglaterra, 9% na França e menos de 1% na Índia. Com investidores esperando um retorno de 15% sobre o capital aplicado, não surpreende que, nos anos 1780, tenham sido montadas cerca de 150 fábricas Arkwright na Grã-Bretanha, 4 na França e nenhuma na Índia. A rentabilidade relativa era semelhante com a *spinning jenny*, bem como o resultado: 20 mil *jennies* instaladas na Inglaterra às vésperas da Revolução Francesa, 900 na França e nenhuma na Índia. Não fazia sentido gastar muito tempo ou dinheiro para inventar a fiação mecânica na França ou na Índia, visto que não era rentável utilizá-las nesses países.

A situação não se manteve assim, e foi por isso que a Revolução Industrial se difundiu para outros países. As fábricas Arkwright criaram uma série de máquinas integradas que reduziam os custos mais do que a *jenny* de Hargreaves. A *mule* de Crompton cortava os custos da fiação de fios finos. Uma longa lista de inventores aperfeiçoou a *mule* nos cinquenta anos seguintes. Economizavam não só na mão de obra, mas também no capital. Nos anos 1820, já era rentável instalar um maquinário aperfeiçoado no continente, e nos anos 1850 revelou-se rentável instalar maquinários ainda mais aperfeiçoados em economias de mão de obra barata, como o México e a Índia.

Nos anos 1870, a produção industrial de algodão passou a se transferir para o Terceiro Mundo.

O motor a vapor

O motor a vapor foi a tecnologia de maior impacto transformador na Revolução Industrial, visto que permitia o uso de energia mecânica num amplo leque de indústrias, bem como em ferrovias e navios.

A energia a vapor foi um fruto da Revolução Científica. A pressão atmosférica era um dos temas candentes da física seiscentista. Foi estudada por cientistas famosos de toda a Europa, entre eles Galileu, Torricelli, Von Guericke, Huygens e Boyle. Na metade do século XVII, Huygens e Von Guericke haviam demonstrado que, se fosse criado vácuo dentro de um cilindro, a pressão da atmosfera forçaria a entrada de um pistão. Em 1675, o francês Denis Papin utilizou essa ideia para criar um protomotor primitivo a vapor. Em 1712, depois de doze anos de experiências, Thomas Newcomen, em Dudley, conseguiu fazer um motor que funcionava. O motor de Newcomen consistia em água em ebulição para gerar vapor, com o qual se enchia um cilindro em que depois se injetava água gelada, para condensar o vapor e fazer com que a pressão da atmosfera empurrasse um pistão dentro dele. O pistão estava ligado a uma trave basculante que erguia uma bomba quando o pistão abaixava e entrava no cilindro.

O motor a vapor mostra claramente a importância dos incentivos econômicos para a invenção. A ciência do motor era pan-europeia, mas a P&D foi efetuada na Inglaterra, pois era lá que valia a pena usar motores a vapor. A finalidade do motor de Newcomen era drenar minas, e a Grã-Bretanha tinha uma quantidade de minas muito maior do que qualquer outro país, devido à grande indústria carvoeira. Além disso, os primeiros motores a vapor consumiam uma quantidade enorme de carvão, de modo que só eram rentáveis onde a energia fosse barata. John Theophilus Desaguliers escreveu nos anos 1730 que os motores de Newcomen eram "agora de uso geral... nas Carvoarias, onde a Energia do Fogo é gerada pelo Refugo dos Carvões, que não se presta para a venda". Não eram quase usados em qualquer outro lugar. Apesar das descobertas científicas, o motor a vapor não teria se desenvolvido se não existisse a indústria carvoeira britânica.

A energia a vapor se tornou uma tecnologia capaz de ser aplicada a muitas finalidades e utilizada em todo o mundo, mas apenas depois que o motor foi aperfeiçoado. Isso só se deu nos anos 1840. Engenheiros como John Smeaton, James Watt, Richard Trevithick e Arthur Woolf estudaram e modificaram o motor, reduzindo as demandas de energia e calibrando a liberação de sua potência. O consumo de carvão por hora-cavalo de energia foi reduzido de 44 libras nos motores de Newcomen, dos anos 1730, para uma libra nos motores de tripla expansão usados nos navios nas décadas finais do século XIX. O gênio da engenharia britânica acabou anulando a vantagem competitiva do país por ter aperfeiçoado sua tecnologia a tal ponto que podia ser rentável em qualquer outro país. Isso permitiu que a Revolução Industrial se alastrasse no exterior e que o mundo inteiro se industrializasse.

Invenção contínua

A maior proeza da Revolução Industrial foi que as invenções do século XVIII não ficaram isoladas como as conquistas de séculos anteriores. Pelo contrário, as invenções setecentistas deram início a um fluxo contínuo de inovações.

O algodão permanecia como foco de interesse. Embora as invenções do século XVIII tivessem transformado a fiação num sistema fabril, a tecelagem ainda era feita em teares manuais na casa dos tecelões. Isso mudou com o reverendo Edmund Cartwright, que dedicou décadas e gastou sua fortuna aperfeiçoando um tear movido a energia. Ele se inspirou em autômatos como o pato mecânico de Jacques de Vaucanson, que assombrava a corte em Versalhes batendo as asas, comendo e defecando! (Voltaire gracejou: "Sem o pato de Vaucanson, não teríamos nada para lembrar a glória da França".) Se um mecanismo podia defecar daquela maneira, não poderia também fazer algo útil? Cartwright pensou que sim e patenteou seu primeiro tear em 1785 e uma versão aperfeiçoada em 1792. Mas não era comercialmente viável. Muitos inventores fizeram aperfeiçoamentos avulsos. Nos anos 1820, o tear mecânico já estava substituindo os teares manuais na Inglaterra, mas estes continuaram a ser usados até os anos 1850. O tear mecânico aumentava muito os custos de capital enquanto reduzia os custos de mão de obra, de modo que sua adoção era sensível ao fator preço, bem como à eficiência relativa dos dois métodos. É especialmente importante que o tear mecânico tenha sido adotado com mais rapidez nos Estados Unidos do que na Inglaterra. Nos anos 1820, os salários já eram mais altos nos Estados Unidos, e o padrão da inovação tecnológica refletia essa diferença.

O setor cotonifício também foi pioneiro no uso da energia a vapor nas fábricas. Evidentemente, já havia experiências anteriores. Em 1784, Boulton e Watt investiram no Moinho Albion, a primeira fábrica a usar energia a vapor em grande escala, para divulgar seus motores. No ano seguinte, utilizou-se pela primeira vez o vapor num cotonifício. Mas a maioria das fábricas continuou a ser movida a água até os anos 1840. Foi apenas nessa época que o consumo de combustível dos motores a vapor caiu a níveis suficientes para convertê-los numa fonte mais barata de energia. A partir daí, o uso do vapor na indústria passou a se expandir continuamente.

A energia a vapor também revolucionou os transportes no século XIX. Todos os que inventaram motores a vapor de alta pressão (Cugnot, Trevithick, Evans) usaram-nos para mover um veículo terrestre, mas nenhum teve êxito, pois não tinham como enfrentar as estradas não pavimentadas. Uma solução era colocar o motor sobre trilhos. Fazia muito tempo que o carvão e o minério de ferro eram transportados em carretas que rolavam em trilhos primitivos de madeira, assentados nas minas. No século XVIII, os trilhos de ferro substituíram os de madeira, e as linhas foram ampliadas. Em 1804, Richard Trevithick construiu a primeira locomotiva a vapor para uma linha férrea nas fundições Penydarren Ironworks em Gales. A partir daí, as linhas férreas nas minas de carvão se tornaram os campos de teste para as locomotivas a vapor. A Stockton and Darlington Railway (1825), com 26 milhas (41,84 km) de extensão, foi planejada como uma ferrovia de transporte de carvão, mas demonstrou que seria possível faturar transportando passageiros e cargas em geral. A primeira ferrovia para uso geral foi a Liverpool and Manchester Line, com 35 milhas (56,32 km), inaugurada em 1830. Foi um grande sucesso e desencadeou um furor ferroviário na Grã-Bretanha. Em 1850, já havia quase 10 mil quilômetros de linhas férreas, e, trinta anos depois, a rede ferroviária alcançou 25 mil quilômetros.

A energia a vapor também foi aplicada a percursos fluviais e marítimos – outra maneira de evitar estradas ruins! A invenção foi internacional desde o início. As primeiras embarcações a operar foram francesas – o *Palmipède* (1774) e o *Pyroscaphe* (1783) – e o primeiro barco de sucesso comercial foi o *Clermont*, de Robert Fulton, que passou a fazer a travessia do rio Hudson a partir de 1807. Dois anos depois, o cervejeiro canadense John Molson pilotou vapores no rio St. Lawrence usando motores construídos em Trois-Rivières, em Québec.

Na metade do século XIX, o vapor estava substituindo a vela no transporte oceânico. A Grã-Bretanha se transformou no centro da construção naval mundial, em vista de sua superioridade em ferro e engenharia. O *Great Western* (1838), de Brunel, foi um marco, pois demonstrou que um navio podia carregar carvão suficiente para atravessar o Atlântico, e seu *Great Britain* (1843) foi o primeiro navio a ser construído em ferro e a utilizar um propulsor em vez de rodas de pá. Mas foram necessários cinquenta anos até que o vapor vencesse a vela. Isso porque os navios ainda tinham de transportar o carvão para seu próprio consumo, de modo que perdiam grande parte do espaço de carga nas viagens longas. As primeiras rotas a adotar o vapor, portanto, eram curtas. À medida que se reduziram as demandas de carvão das caldeiras, os navios podiam cruzar maiores distâncias com a mesma quantidade de carvão, e o vapor pôde prevalecer sobre a vela em extensões mais longas. As últimas rotas a desaparecer foram entre a China e a Grã-Bretanha, onde os clíperes sobreviveram até o final do século XIX.

A energia a vapor é um exemplo de uma tecnologia de uso geral (TUG), isto é, uma tecnologia que pode ser aplicada a várias finalidades. Outras TUGs são a eletricidade e os computadores. O desenvolvimento do potencial das TUGs leva décadas, e por isso sua contribuição para o crescimento econômico se dá muito tempo depois de sua invenção. Sem dúvida foi o caso do vapor. Ainda em 1800, quase cem anos depois da invenção de Newcomen, era minúscula a contribuição da energia a vapor para a economia britânica. Nos meados do século XIX, porém, finalmente se materializava o potencial do vapor, ao ser amplamente aplicado ao transporte e à indústria. Metade do aumento de produtividade do trabalho na Grã-Bretanha nos meados do século XIX decorreu do uso do vapor. Esse retorno a longo prazo é uma razão importante que explica a continuidade do crescimento econômico ao longo de todo o século. Outra razão foi a aplicação cada vez maior da ciência à indústria, que abordaremos no próximo capítulo.

Capítulo 4

O crescimento dos países ricos

Entre 1815 e 1870, a Revolução Industrial se propagou da Grã-Bretanha para o continente, obtendo um sucesso admirável. Não só os países da Europa Ocidental alcançaram a liderança britânica, mas se somaram a ela formando um grupo de inovadores que, desde então, têm ampliado em conjunto a fronteira tecnológica do mundo. Evidentemente, a América do Norte também se industrializou no século XIX e logo ingressou no clube da inovação. De fato, os Estados Unidos se tornaram o líder tecnológico mundial, mas seu desempenho deve ser entendido como "primeiro entre seus pares" – estes incluindo os europeus ocidentais e os britânicos.

Se o êxito da Europa Ocidental é surpreendente ou não, depende da ideia que se faz sobre a Revolução Industrial. Alguns historiadores pensam que a Revolução poderia ter acontecido na França ou na Alemanha, tal como ocorreu na Inglaterra, e que o grande problema, portanto, é explicar por que ela se deu na Europa e não na Ásia. Para eles, é evidente que o continente se industrializaria rapidamente. Outros historiadores, porém, pensam que havia diferenças fundamentais nas instituições ou incentivos entre a Grã-Bretanha e o continente, e neste caso a industrialização da Europa Ocidental requer uma explicação.

Os institucionalistas acreditam que o desenvolvimento continental no século XVIII foi tolhido por instituições arcaicas. Estas foram eliminadas pela Revolução Francesa, a qual foi exportada para a maior parte da Europa pelos exércitos da República e de Napoleão. Em todos os territórios conquistados, os franceses remodelaram a Europa à sua nova imagem, o que incluía a abolição da servidão, a igualdade perante a lei, um novo regime jurídico (o Código Napoleônico), o confisco dos bens da Igreja, a criação de mercados nacionais com a abolição de tarifas internas e a criação de uma tarifa externa comum, um sistema tributário racionalizado, o ensino primário laico universal e a implantação de escolas secundárias, institutos técnicos e universidades em moldes modernos, a promoção da cultura e de associações científicas. Países como a Prússia, que foram derrotados por Napoleão mas não incorporados a seu império, também modernizaram suas instituições. As guerras napoleônicas impediram que tais reformas tivessem efeito imediato, mas, após Waterloo, a Europa estava pronta para o arranque industrial.

Outra linha de explicação frisa a importância dos incentivos para adotar a nova tecnologia industrial. Primeiro, o início precoce da Grã-Bretanha significava que os manufatureiros britânicos podiam derrotar os concorrentes do continente; segundo, a tecnologia da Revolução Industrial era inadequada para países continentais, onde os salários eram mais baixos e os preços da energia geralmente mais altos do que na Grã-Bretanha. A industrialização continental exigia a invenção de uma tecnologia adequada e, durante o processo, uma proteção contra a concorrência britânica.

A Grã-Bretanha não teve uma política para "se industrializar", mas, desde então, a maioria dos países adotou alguma estratégia para repetir o êxito britânico. No século XIX, surgiu um pacote de políticas de desenvolvimento que foi seguido por muitos países. Essas políticas foram originalmente elaboradas nos Estados Unidos (ver Capítulo 6) e depois promovidas na Europa por Friedrich List, um alemão que morou nos Estados Unidos entre 1825 e 1832 e voltou à Alemanha, onde escreveu *Sistema nacional de economia política* (1841). A estratégia de desenvolvimento em sua forma padrão, que se fundava na revolução institucional de Napoleão, estabelecia quatro imperativos: criar um grande mercado nacional abolindo as tarifas internas e melhorando os transportes; estabelecer uma tarifa externa para proteger as "indústrias nascentes" contra a concorrência britânica; criar bancos para estabilizar a moeda e fornecer capital à iniciativa privada; por fim, instituir o ensino de massa para acelerar a adoção e a invenção de tecnologias. Essa estratégia de desenvolvimento ajudou a Europa continental a alcançar a Grã-Bretanha.

A Alemanha é um bom exemplo. Na Idade Média, ela estava dividida em centenas de unidades políticas independentes. No Congresso de Viena, em 1815, esse número foi drasticamente reduzido para 38. A Prússia, que era o maior estado germânico, instituiu o ensino primário universal no século XVIII. Seguiram-se outros estados. Nos meados do século XIX, o ensino primário era praticamente universal em toda a Alemanha.

A Prússia também tomou a dianteira na criação de um mercado nacional, ao formar o *Zollverein* (união aduaneira) em 1818 para unificar seu território. Gradualmente, outros estados germânicos seguiram o exemplo. O *Zollverein* aboliu as tarifas internas e também criou uma tarifa externa comum como barreira alfandegária para impedir a entrada de manufaturas britânicas. A união econômica formou a base do império alemão criado em 1871.

A integração dos mercados foi fortalecida pela construção de ferrovias. A primeira ferrovia germânica (6 quilômetros de extensão) foi construída de Nuremberg a Fürth em 1835, apenas cinco anos depois da ferrovia unindo Liverpool e Manchester. Nos anos 1850, as principais ferrovias já estavam prontas, e nas décadas seguintes foram construídos os ramais. Em 1913, havia cerca de 63 mil quilômetros em funcionamento.

Os bancos de investimentos, que não tiveram papel algum na industrialização britânica, foram da maior importância no continente. A primeira experiência foi a *Société Générale pour favoriser l'Industrie Nationale des Pays-Bas*, fundada em 1822 para promover o desenvolvimento industrial nos Países Baixos. Os bancos privados alemães começaram a fazer a mesma coisa. O *Crédit Mobilier*, aberto na França em 1852 para financiar ferrovias e indústrias, foi um gigantesco passo à frente. No ano seguinte, nasceu o Banco de Darmstadt, que popularizou na Alemanha o banco de investimentos em sociedades por ações. Em 1872, já tinham sido criados todos os grandes bancos alemães (Commerzbank, Dresdener, Deutsche etc.). Estes dispunham de muitas filiais para reunir o capital de muitos depositantes. Formavam relações duradouras com os clientes industriais, fornecendo créditos de longo prazo com saques a descoberto a juros baixos. Muitas vezes, esses empréstimos tomavam como garantia a hipoteca de bens industriais, e os representantes do banco atuavam como diretores das empresas industriais. Esses bancos financiaram a grande expansão da indústria alemã entre 1880 e a Primeira Guerra Mundial.

Entre 1815 e 1870, todas as principais indústrias da Revolução Industrial se estabeleceram no continente em bases lucrativas. As *spinning jennies* e as primeiras fábricas Arkwright não tinham sido lucrativas na França antes da Revolução, mas o progresso técnico subsequente cortou em 42% os custos de produzir fios grosseiros em meados dos anos 1830. Com essa redução dos custos, tornou-se rentável construir as fábricas de novo estilo. Em 1840, a França estava fiando 54 mil toneladas de algodão por ano, para 192 mil da Grã-Bretanha. A produção se iniciara na Alemanha (11 mil toneladas) e na Bélgica (7 mil). Vale notar que os Estados Unidos, nessa época, já estavam processando 47 mil toneladas de algodão bruto.

Em 1870, o continente também já dispunha de uma indústria de ferro moderna. Antes do século XVIII, usava-se carvão como combustível para fundir e purificar o minério de ferro. O carvão foi substituído pelo coque, uma forma refinada de carvão, numa das mais famosas inovações da Revolução Industrial. Essa técnica foi implantada por Abraham Darby na Coalbrookdale Iron Company, em 1709. Mas, até 1750, o ferro produzido com coque não era rentável na manufatura de produtos de ferro laminado (barras, chapas, trilhos), de modo que seu uso inicial se restringiu a um processo especializado de fundição patenteado por Darby. Entre 1750 e 1790, o ferro de coque substituiu o ferro de carvão na produção de peças laminadas. O coque, porém, ainda era caro demais para substituir a fundição a carvão no continente, pois países como a França dispunham de extensas áreas de florestas fornecendo carvão vegetal barato, e o carvão mineral era escasso e caro. Foram mais cinquenta anos de aperfeiçoamentos nos projetos dos altos-fornos, até aumentar a produtividade das fornalhas a coque a um nível suficiente para substituir o carvão vegetal na Europa continental. Essa transição ocorreu rapidamente nos anos 1860, quando empresas francesas e alemãs passaram a construir altos-fornos com os projetos mais avançados. Em suma, deram um salto até a tecnologia de ponta na indústria do ferro, visto que constituía a única forma de tecnologia que era competitiva naqueles países.

    O continente também não ficou atrás da Grã-Bretanha nos novos setores industriais dos meados do século XIX. A Europa Ocidental construiu ferrovias, e as locomotivas da Europa eram tão avançadas quanto as britânicas. O mesmo em relação ao aço. Antes de 1850, o aço era um produto caro – e secundário – da indústria do ferro, usado principalmente para fazer chapas e trilhos com o ferro batido refinado a partir do ferro-gusa no forno de pudlagem. O problema técnico na produção do aço era fundir o ferro-gusa puro, para que o acréscimo de outros elementos, inclusive o carbono, pudesse ser controlado com precisão. Era necessária uma temperatura acima de 1.500°C. A primeira solução foi o conversor, inventado independentemente por Henry Bessemer e William Kelly, por volta de 1850. Outra solução foi a de Sir Carl Wilhelm Siemens, que na década de 1850 construiu um forno com sistema de recuperação do calor capaz de alcançar temperaturas muito elevadas. Em 1865, Pierre-Émile Martins usou o forno de Siemens para fundir gusa e fazer aço. O chamado forno de soleira aberta se demonstrou superior ao conversor de Bessemer na produção de chapas, folhas e formas estruturais, tornando-se a tecnologia dominante até ser superado pelo processo em forno básico a oxigênio nos anos 1960. O dado importante é que os quatro inventores da produção de aço em grande escala foram um inglês, um americano, um alemão morando na Inglaterra e um francês. Não havia um descompasso internacional.

Embora em 1870 a Europa Ocidental já tivesse superado suas deficiências tecnológicas mais flagrantes, os níveis de produção no continente ainda estavam muito abaixo dos da Grã-Bretanha. Mas esse quadro se alterou com a Primeira Guerra Mundial, quando a Europa Ocidental e os Estados Unidos ultrapassaram a Grã-Bretanha na manufatura. Em 1880, a Grã-Bretanha respondia por 23% da produção manufatureira mundial, enquanto a França, a Alemanha e a Bélgica somadas respondiam por apenas 18%. Em 1913, os três países do continente tinham ultrapassado a Grã-Bretanha com 23% da produção mundial, enquanto a Grã-Bretanha caíra para 14%. Ao mesmo tempo, a participação norte-americana passou de 15% para 33% da manufatura mundial. O melhor desempenho britânico se concentrava nos têxteis de algodão, processando 869 mil toneladas anuais de algodão bruto em 1905-13, contra os Estados Unidos, que alcançaram 1,11 milhão de toneladas, a Alemanha, com 435 mil, e a França, com 231 mil. O desempenho britânico foi muito mais fraco na indústria pesada. Em 1850-54, a Grã-Bretanha refinou 3 milhões de toneladas de gusa, contra 245 mil na Alemanha e cerca de 500 mil nos Estados Unidos. Em 1910-13, a Grã-Bretanha produzia 10 milhões de toneladas, enquanto a Alemanha refinou 15 milhões e os Estados Unidos, 24 milhões.

As mudanças na produção manufatureira tiveram implicações políticas importantes. Em meados do século XIX, a Grã-Bretanha era a "oficina do mundo", produzindo a maior parte da manufatura de exportação do mundo. Os Estados Unidos e a Alemanha, em particular, aumentaram sua produção manufatureira aumentando as exportações, e as mudanças no desempenho do comércio internacional foram objeto de amplas discussões. A Grã-Bretanha continuou a manter sua posição vendendo para seu império, e o valor do império, assim demonstrado, levou a uma disputa acirrada pelas colônias entre as economias industriais. O avanço da Alemanha na produção do aço, superando a Grã-Bretanha, teve implicações na indústria de armamentos. A rivalidade comercial anglo-germânica avivou tensões internacionais nas vésperas da Primeira Guerra Mundial.

Além de terem superado a Grã-Bretanha na produção industrial entre 1870 e 1913, visivelmente a Europa continental e os Estados Unidos a alcançaram também na capacidade tecnológica. Os Estados Unidos, na verdade, ultrapassaram a Grã-Bretanha, tornando-se o líder tecnológico mundial. Na maioria dos setores industriais, porém, houve descobertas importantes em todas as principais economias industriais. De uma perspectiva global, o que se destaca é a diferença entre os países ricos que, como grupo, impulsionaram a tecnologia, e o resto do mundo, que aparentemente não criou alguma inovação.

Uma característica importante das décadas finais do século XIX foi o desenvolvimento de setores industriais totalmente novos – automóveis, petróleo, eletricidade, química. Todos os países ricos participaram na criação dessas indústrias. O primeiro veículo movido por um motor a gasolina foi construído por Siegfried Marcus, um austríaco, em 1870. Ele também inventou um sistema de ignição por magneto e um carburador de escovas rotativas que se tornaram padrão. Karl Benz construiu o primeiro automóvel operante em 1885, e a ele se seguiram Gottlieb Daimler e Wilhelm Maybach. Eram alemães. William Lanchester construiu o primeiro automóvel britânico em 1895 e inventou o freio a disco e a partida elétrica. A primeira empresa fundada expressamente para fabricar automóveis foi a Panhard et Levassor, na França, em 1889. Também inventaram o motor de quatro cilindros. Renault introduziu o freio a tambor em 1902. Em 1903, Jacobus Spijker, na Holanda, construiu o primeiro carro de corrida com tração nas quatro rodas. Os automóveis exigiam uma série de inovações nos motores, sistemas de partida, freios, transmissões, suspensões, partes elétricas e assim por diante. O automóvel moderno é o resultado de invenções feitas por indivíduos de todos os principais países industriais. Em 1900, todos os países industriais tinham fábricas de automóveis. A inovação era uma atividade coletiva entre eles.

Outra característica das novas indústrias era que muitas estavam relacionadas com o desenvolvimento das ciências naturais. Os países com sólidos programas universitários nessas áreas colheram grandes benefícios econômicos. A Alemanha é o exemplo mais importante antes dos anos 1930. Seus físicos e químicos ganharam muitos prêmios Nobel. O quadro técnico das indústrias tinha formação universitária, e o corpo acadêmico das universidades realizou descobertas importantes que aperfeiçoavam os processos industriais e permitiam a criação de novos produtos. A descoberta de Fritz Haber sobre o processo de converter o nitrogênio da atmosfera em amônia, que fez quando estava na Universidade de Karlsruhe e lhe valeu um prêmio Nobel, é uma das mais famosas, mas não a única, de forma alguma.

Com Hitler, a Segunda Guerra Mundial e a divisão pós-guerra, a ciência alemã descarrilhou. A liderança na pesquisa universitária passou para os Estados Unidos, que vinham desenvolvendo um amplo setor acadêmico. A pesquisa universitária nos Estados Unidos navegava num mar de financiamentos do governo. Estes foram direcionados para o setor militar durante a Guerra Fria, mas muitos projetos foram benéficos para a economia como um todo. Também se aplicaram verbas na medicina, na exploração espacial e mesmo nas ciências humanas. Tal financiamento deu as bases para a liderança global dos Estados Unidos.

O caráter macroeconômico do progresso tecnológico

A maior parte da P&D tem se dado nos atuais países ricos. Eles desenvolvem tecnologias prevendo sua lucratividade. Assim, os novos produtos e processos em que foram pioneiros destinavam-se a atender suas necessidades e se adequavam a suas circunstâncias; em especial, os altos salários dos países ricos eram um incentivo para inventarem produtos que economizassem em mão de obra, aumentando o uso do capital. Isso levou a uma espiral de progresso ascendente: os altos salários induziam a maior produção de capital intensivo que, por sua vez, levava a salários mais altos. É essa espiral que está por trás das receitas crescentes dos países ricos.

Uma consequência dessa concentração de toda a P&D mundial na Europa Ocidental e nos Estados Unidos é que existe uma "função de produção" mundial que define as opções tecnológicas de todos os países. A "função de produção" é a relação matemática que indica quanto PIB um

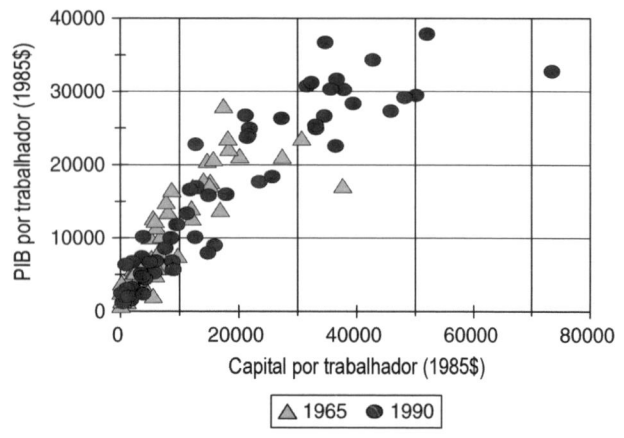

Figura 8. Função de produção mundial

país pode produzir com seu trabalho e capital. A Figura 8 mostra a função de produção mundial alocando o PIB por trabalhador contra o capital por trabalhador para 57 países em 1965 e 1990. Os pontos marcam os intervalos de variação da função. O que a figura mostra é que mais capital por trabalhador gera maior produção por trabalhador.

Além disso, a relação se achata em altos níveis de capital por trabalhador por causa da lei dos rendimentos decrescentes: um volume cada vez maior de capital rende um volume cada vez menor de produção adicional. Por fim, são usados símbolos diferentes para os dados de 1965 e 1990. Um país com $10.000 de capital por trabalhador não teve em 1990 uma produção superior à de 1965. Em outras palavras, não teve nenhum progresso técnico. A mudança na tecnologia mundial consistia em obter maior produção por trabalhador elevando o capital por trabalhador a níveis mais altos do que os anteriores. Os beneficiários desses aperfeiçoamentos foram os países ricos operando com tecnologias de capital altamente intensivo em 1965. Foram também os países que inventaram as novas tecnologias de 1990. Esses aperfeiçoamentos não se transmitiram automaticamente aos países mais pobres.

Para alguns desses países, podemos medir a produção por trabalhador e o capital por trabalhador desde a Revolução Industrial. Com esses dados, podemos comparar o que ocorreu *ao longo do tempo* e o que ocorre *através do espaço*. Por exemplo, a linha na Figura 9 correspondente aos Estados Unidos liga os pontos representando o capital por trabalhador e a produção por trabalhador para os Estados Unidos de 1820 a 1990. A trajetória do desenvolvimento dos Estados Unidos segue o mesmo padrão dos países ricos e pobres em 1965 e 1990. O mesmo ocorre com todos os outros países ricos: o crescimento ao longo do tempo se assemelha às diferenças atuais no espaço. A Figura 10 mostra o caso da Itália e a Figura 11 o caso da Alemanha. Há algumas idiossincrasias nessas histórias – os Estados Unidos, como condiz com o líder tecnológico mundial, geralmente obtiveram uma produtividade de seu capital e trabalho um pouco maior do que outros países, ao passo que a Alemanha, talvez por causa da importância dos bancos de investimento, acumulou mais capital por trabalhador –, mas a dinâmica fundamental é a mesma. A

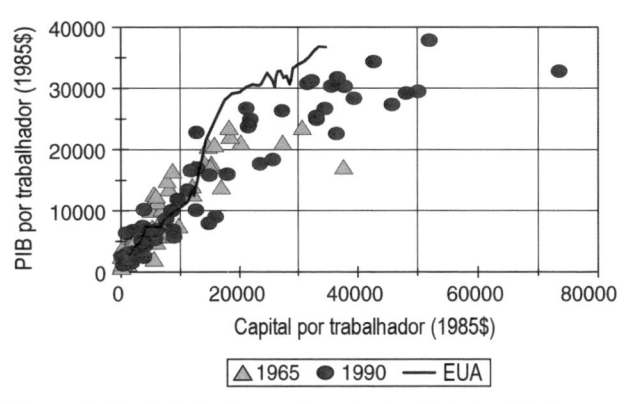

Figura 9. Trajetória do crescimento dos Estados Unidos

correspondência entre crescimento no tempo e diferenças no espaço é uma consequência direta do fato de que as possibilidades tecnológicas no mundo atual foram criadas pelos países ricos durante seu desenvolvimento.

Os países pobres são pobres porque usam tecnologia que foi desenvolvida pelos países ricos no passado. A indústria mais próspera de muitos países em desenvolvimento é o setor têxtil. A tecnologia central é a máquina

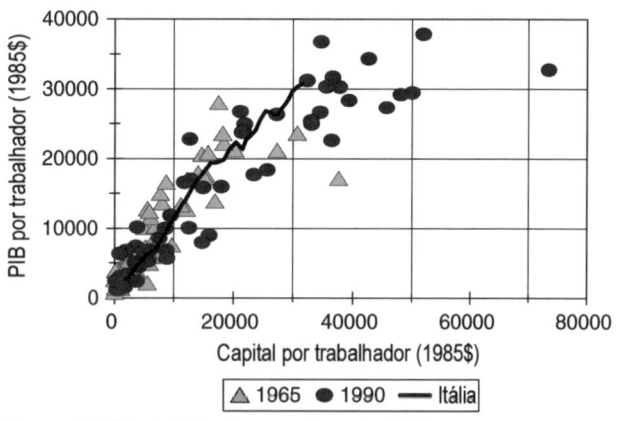

Figura 10. Trajetória do crescimento italiano

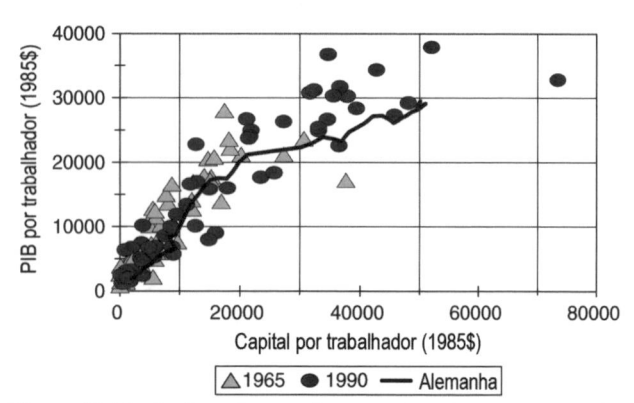

Figura 11. Trajetória do crescimento alemão

de costura. A máquina de costura a pedal começou a ser fabricada comercialmente nos anos 1850, e a máquina de costura elétrica foi criada em 1889. O principal item de exportação na maioria dos países em desenvolvimento de hoje se baseia numa tecnologia do século XIX.

As estatísticas na Figura 8 comprovam a mesma questão. Por que o Peru é relativamente pobre? Em 1990, o capital por trabalhador no Peru era de $8.796 e a produção por trabalhador era de $6.847. Esses números são quase iguais aos da Alemanha em 1913: $8.769 e $6.425, respectivamente. Menos capital hoje significa um recuo maior no tempo. Em 1990, por exemplo, o Zimbábue tinha $3.823 de capital por trabalhador e cada trabalhador produzia $2.537 por ano. Nada mau para 1820. O Maláui tinha $428 de capital e o PIB por trabalhador era de $1.217 – praticamente o mesmo da Índia no começo do século XIX, que já estava consideravelmente abaixo dos níveis atingidos no Reino Unido, nos Estados Unidos e na Europa Ocidental na mesma época. Mesmo em 1990, o capital por trabalhador na Índia havia chegado apenas a $1.946 e a produção por trabalhador a $3.235 – com o que a Índia atual se equipara à Grã-Bretanha de 1820.

A pergunta evidente é: por que o Peru, o Zimbábue, o Maláui e a Índia não adotam a tecnologia dos países ocidentais e enriquecem? A resposta é que não compensa. A tecnologia ocidental no século XXI utiliza uma enorme quantidade de capital por trabalhador. Só compensa substituir o trabalho por tanto capital se os salários forem altos em relação aos custos do capital. Todas as Figuras mostram isso com o achatamento da relação entre produção por trabalhador e capital por trabalhador. Quando o capital por trabalhador é alto, para aumentar a produção por trabalhador em $1.000 é preciso um capital por trabalhador muito mais alto do que quando o capital por trabalhador é baixo. A mão de obra tem de ser muito cara para compensar o investimento de todo esse capital extra. Os países ocidentais passaram por uma trajetória de desenvolvimento em que os salários mais altos levaram à invenção de uma tecnologia que economizava em mão de obra, cujo uso elevou a produtividade do trabalho e, junto com ela, os salários. O ciclo se repete. Os países pobres de hoje perderam o bonde. Os salários são baixos e os custos do capital são altos, de modo que mais vale ficarem com tecnologia arcaica e rendas baixas.

A história industrial oferece exemplos desses princípios. No último capítulo, tratamos da invenção do tear mecânico e como foi introduzido nos Estados Unidos – um país de mão de obra muito cara – e depois na Grã-Bretanha, após seu aperfeiçoamento. O tear movido a energia nunca foi rentável em países com mão de obra barata, onde as pessoas continuaram a tecer em teares manuais. A situação se tornou ainda mais difícil nas décadas posteriores do século XIX, quando os Estados Unidos ocuparam a liderança econômica com a economia de mão de obra mais cara do mundo. A tecnologia americana refletiu esse aspecto. Nos anos 1890, um imigrante inglês chamado James Henry Northrop criou uma série de inventos que resultaram num tear totalmente automático. Ele aumentava drasticamente a produtividade do trabalho, mas exigia um investimento considerável. Foi lucrativo instalar esses teares nos Estados Unidos, onde os salários eram muito altos, mas caro demais para usar na Grã-Bretanha – embora a Grã-Bretanha fosse uma economia de salários altos pelos padrões mundiais. O tear de Northrop era ainda menos adequado para os países pobres. O processo de transformação técnica, em que os inventores nas principais economias procuravam economizar na mão de obra cara, resultou em máquinas que aumentaram ainda mais a vantagem competitiva dos países ricos, sem trazer nenhuma vantagem para os países pobres do mundo.

Capítulo 5

Os grandes impérios

A leste da Europa havia impérios. Os turcos otomanos conquistaram Constantinopla em 1453 e seu domínio se estendia dos Bálcãs ao Oriente Médio e à África do Norte. O poder do czar russo ia da Polônia a Vladivostok. O Império Persa, sob diferentes dinastias, durou milhares de anos. Grande parte da Índia foi governada pelos imperadores mogóis nos séculos XVII e XVIII. O Japão teve imperador desde o século III, e partes do Sul da Ásia, como o Camboja e a Tailândia, tiveram estados avançados desde tempos remotos. A China foi o maior império de todos, com milênios de existência.

Os europeus sabiam das riquezas da Ásia havia muitos séculos, e foi uma das razões para irem até lá. A narrativa de Marco Polo, contando sua viagem até a China no século XIII, era muito conhecida, e Colombo fez anotações em seu exemplar pessoal. A *Description de la Chine* (1736), de Jean-Baptiste du Halde, baseada em relatos de missionários jesuítas, pintava um quadro fascinante da civilização chinesa. O livro foi amplamente lido e discutido.

Nem todos, porém, aceitavam a ideia de que o Oriente fosse próspero. Tais céticos eram encabeçados pelos economistas clássicos Adam Smith, Robert Malthus e Karl Marx. Concordavam que a Europa era mais rica e tinha melhores perspectivas de crescimento. Cada qual explicou o hipotético atraso da China com sua teoria preferida – para Smith, o problema era a proibição do estado ao comércio internacional e uma presumida insegurança da propriedade privada; para Malthus, era o casamento universal que resultava em alta fertilidade e, portanto, em baixas rendas; para Marx, era uma estrutura social pré--capitalista que não dava espaço à iniciativa individual.

Essas posições ganharam ampla aceitação, mas, em anos recentes, têm sido contestadas pela escola californiana de história econômica – assim chamada porque seus proponentes são professores de universidades da Califórnia. Segundo a Escola da Califórnia, o sistema jurídico chinês era comparável ao europeu e havia segurança da propriedade privada, o sistema familiar chinês mantinha o índice de fertilidade em níveis baixos, de modo que a população não teve um crescimento mais rápido na China do que na Europa, e os mercados de produtos, terra, mão de obra e capital eram tão evoluídos quanto os europeus. Em decorrência disso, a produtividade e os padrões de vida eram semelhantes nos dois extremos da Eurásia. A razão para que a Revolução Industrial se desse na Europa, portanto, não reside em diferenças culturais ou institucionais, e sim na disponibilidade de reservas de carvão no continente e nos lucros advindos da globalização.

Essa reinterpretação tem sido muito debatida, em relação tanto à China quanto a outros impérios. Muito questionável é a sugestão de que as partes avançadas da China, como o delta do Yangzi, tinham receitas tão altas quanto as da Inglaterra e da Holanda (Figura 3). Por outro lado, a avaliação positiva das instituições e dos mercados chineses ganha credibilidade graças às reavaliações de outros impérios (como o de Roma), que chegaram a conclusões semelhantes, e a Escola da Califórnia tem razão em sustentar que a Revolução Industrial ocorreu na Grã-Bretanha devido ao carvão e ao comércio internacional. O que é notável na história asiática é a ausência desses fatores.

Globalização e desindustrialização

Entre os grandes impérios, poucos se deram bem no século XIX. A Índia se tornou formalmente uma colônia britânica após o Motim de 1857. Nos anos 1920, o imperador chinês, o otomano e o russo tinham sido derrubados. Os grandes impérios entraram no século XIX com as maiores indústrias manufatureiras do mundo e terminaram o século com suas indústrias destruídas e sem nenhum setor fabril para substituí-las. As únicas exceções – e apenas parciais – foram a Rússia e o Japão.

Três fatores impulsionaram o êxito e o fracasso econômico entre Waterloo e a Segunda Guerra Mundial: a tecnologia, a globalização e a política de estado.

A Revolução Industrial no Ocidente eliminou os manufatureiros asiáticos por duas razões. Em primeiro lugar, a manufatura ganhou produtividade na Europa, cortando custos. A tecnologia industrial, porém, não era rentável em outras partes do mundo, onde os salários eram mais baixos. Não fazia sentido, por exemplo, que os indianos tentassem concorrer com os tecidos ingleses usando máquinas de fiação, visto que o aumento nos custos do capital para fiar *na Índia* era maior do que a redução nos custos da mão de obra. Os produtores asiáticos teriam de esperar que os britânicos aperfeiçoassem as máquinas de fiação a ponto de torná-las rentáveis na Ásia (o que acabou acontecendo) ou teriam de redesenhar as máquinas para adaptá-las a suas condições (que foi o que fez o Japão).

Em segundo lugar, os vapores e as ferrovias intensificaram a concorrência internacional. Com a queda dos custos de transporte, a economia mundial passou a se integrar cada vez mais, e as empresas ocidentais que usavam máquinas movidas a energia tinham condições de derrotar os produtores que usavam métodos artesanais, de Casablanca ao Cantão, a despeito da grande diferença salarial. Com o desaparecimento da manufatura na Ásia e no Oriente Médio, a mão de obra foi realocada na agricultura, e esses continentes passaram a exportar trigo, algodão, arroz e outros produtos primários. Em outras palavras, tornaram-se países subdesenvolvidos modernos.

Tal desenrolar não resultou de uma conspiração entre os países ricos nem simplesmente do colonialismo (embora este tenha desempenhado um papel). Resultou de um dos princípios fundamentais da economia – a vantagem comparativa. Segundo essa teoria, os países que comerciam entre si se especializam na produção de mercadorias que podem produzir com relativa eficiência. Exportam esses bens e importam os que produzem com relativa ineficiência. Suponha-se que a Índia, por exemplo, estivesse isolada do resto do mundo. A única maneira de aumentar seu consumo de tecidos de algodão seria reduzindo o emprego na agricultura e transferindo os trabalhadores para a fiação e a tecelagem. A eficiência do trabalho nessas atividades determinaria a quantidade de trigo que teria de se deixar de lado para obter mais um metro de pano. Se fosse possível a comercialização internacional e se o preço do tecido em comparação ao do trigo no mercado mundial fosse inferior à proporção dada pelas técnicas de produção interna, os indianos considerariam vantajoso exportar trigo e importar tecidos, ao invés de produzirem seu próprio tecido. Em outras palavras, eles se tornariam agricultores em vez de manufatureiros. Essa reconfiguração trazia uma prosperidade no curto prazo às expensas do desenvolvimento a longo prazo.

Antes que Vasco da Gama chegasse a Calecute, as ligações comerciais entre a Europa e a Ásia eram tênues. Cada continente estava de fato "isolado do resto do mundo". Esse isolamento desapareceu com o navio de velas quadradas, a navegação pelo globo, o navio a vapor, o Canal de Suez, a ferrovia, o telégrafo, o Canal do Panamá, o automóvel, o aeroplano, o navio de carga, o telefone, a autoestrada, a internet. Todos estes reduziram os custos das transações internacionais, integraram mercados e acirraram a concorrência entre os países. O princípio da vantagem comparativa adquiriu maior peso, e as diferenças na eficiência relativa da produção se tornaram mais importantes para determinar a riqueza das nações. O resultado foi o "subdesenvolvimento" do Terceiro Mundo.

A política do governo foi o terceiro fator a afetar o desempenho econômico após Waterloo. Os Estados Unidos e a Europa Ocidental enfrentaram o desafio das importações britânicas baratas com a estratégia padrão de desenvolvimento, ou seja, as melhorias de infraestrutura interna, as tarifas externas, os bancos de investimento e o ensino universal. As colônias não tinham condições de adotar tal estratégia, visto que suas políticas econômicas estavam subordinadas aos interesses da potência colonial. Os estados independentes tinham a opção de procurar o desenvolvimento interno, mas nem todos se empenharam ou tiveram sucesso nisso.

Têxteis de algodão

Podemos ver esses temas operando na história da produção têxtil de algodão na Índia e na Grã-Bretanha. A produtividade no setor algodoeiro da Grã-Bretanha aumentou durante a Revolução Industrial, acompanhando os aperfeiçoamentos dos maquinários. Um aumento da produtividade manufatureira britânica que não fosse acompanhado por um mesmo aumento na Índia necessariamente aumentaria a competitividade dos manufatureiros têxteis ingleses e reduziria a competitividade dos manufatureiros têxteis indianos, segundo o princípio da vantagem comparativa. Inversamente, a vantagem comparativa da Índia na produção de bens agrícolas aumentaria, enquanto a da Inglaterra diminuiria. A vantagem comparativa implica que o crescimento desigual da produtividade com a Revolução Industrial fomentaria o desenvolvimento industrial na Inglaterra e desindustrializaria a Índia. E foi o que aconteceu.

A mudança da vantagem comparativa se deu numa época de redução dos custos de transporte, o que intensificou as ramificações. Os custos de transporte diminuíram com o aumento da eficiência dos navios e devido à maior concorrência nas rotas marítimas da Europa para a Índia. No século XVIII, esse comércio internacional era dominado pela companhia inglesa e pela companhia holandesa das Índias Orientais. Embora o aparecimento dessas companhias no começo do século XVII tenha acabado com o controle português do comércio de pimenta e levado a uma queda de seus preços na Europa, as Leis de Navegação britânicas mantiveram os holandeses fora do mercado inglês e restringiram a concorrência. A quarta guerra anglo-holandesa (1780-1784) foi o golpe final: a companhia holandesa ficou tão debilitada que deixou expirar seu alvará em 1800. Finalmente, a companhia inglesa perdeu seu monopólio comercial em 1813. O consequente aumento da concorrência levou à queda nos custos de transporte entre a Índia e a Europa.

O efeito do crescimento desigual da produtividade e do declínio nos custos do frete se patenteia nas histórias dos preços do algodão na Inglaterra e na Índia. Em 1812, formou-se um grupo de manufatureiros ingleses de algodão para se contrapor à ampliação do monopólio comercial da Companhia das Índias Orientais. Os industriais prepararam um memorando que mostrava que o fio 40 custava 43 *pence* por libra para fiar na Índia, mas apenas 30 *pence* na Inglaterra. A conclusão foi que a Índia constituiria um grande mercado potencial para os produtos britânicos, se fosse autorizada a concorrência. Tinham razão. Mas o notável é que, meros dez anos antes, não poderiam ter usado esse argumento, visto que naquela época o fio 40 britânico saía por 60 *pence* a libra. A tecnologia de 1802 não tinha produtividade suficiente para vencer a Índia. Isso mudou com as máquinas de 1812. Elas continuaram a ser aperfeiçoadas, e em 1826 e preço do fio 40 tinha caído para 16 *pence*. A esse preço, nem a mulher mais pobre da Índia acharia que valia a pena fiar, e a produção indiana de fio de algodão desapareceu, até o surgimento de fábricas mecanizadas na década de 1870.

A história se repetiu com a tecelagem, mas os resultados para a Índia não foram tão catastróficos. O progresso tecnológico reduziu o preço do morim inglês, como mostramos no Capítulo 4. De meados de 1780 em diante, o tecido inglês foi sempre mais barato na Inglaterra do que o tecido indiano. Mas seus preços não podiam se afastar demais, visto que os compradores os consideravam como bons substitutos entre si. Por isso, a queda no preço inglês após 1790 acarretou também a queda do preço indiano (Figura 12).

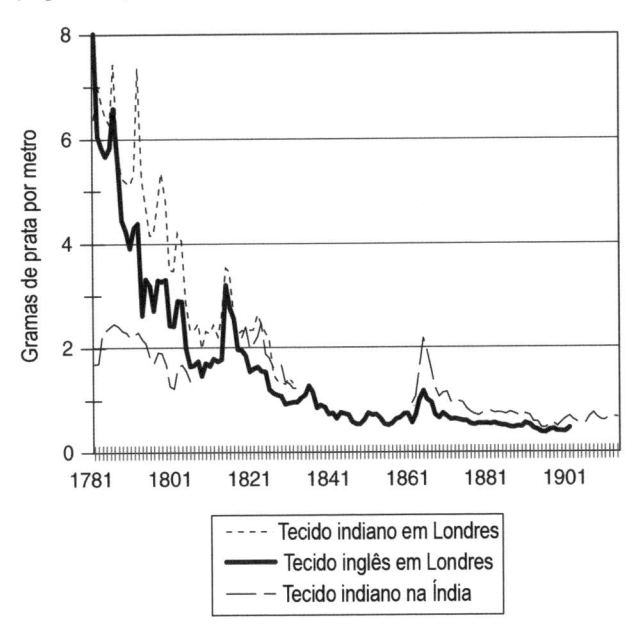

Figura 12. Preço real do algodão

Há uma lacuna em nossa série de preços indianos entre 1805 e 1818, mas nesse intervalo ocorreram duas mudanças importantes. Primeiro, a diferença entre os preços na Índia e na Inglaterra ficou muito pequena. Os mercados estavam integrados, e assim os desenvolvimentos em um afetavam o outro. Segundo, os preços ingleses caíram abaixo dos preços indianos. Cessaram as exportações de tecidos da Índia para a Inglaterra, visto que deixaram de ser lucrativas. Em vez disso, a Inglaterra exportava para a Índia.

O impacto na Índia foi grande. O país, de grande exportador, passou a grande importador. A indústria de fiação foi totalmente destruída e a Índia passou a importar todo o seu fio de algodão. A produção de tecidos também declinou, embora a tecelagem em teares manuais tenha sobrevivido numa escala menor e menos compensadora. Em Bihar, a participação da força de trabalho na manufatura caiu de 22% para 9% em 1901. Foi a grande farra da desindustrialização!

Todo país tem uma vantagem comparativa em alguma coisa. Ao perder sua vantagem na manufatura, a

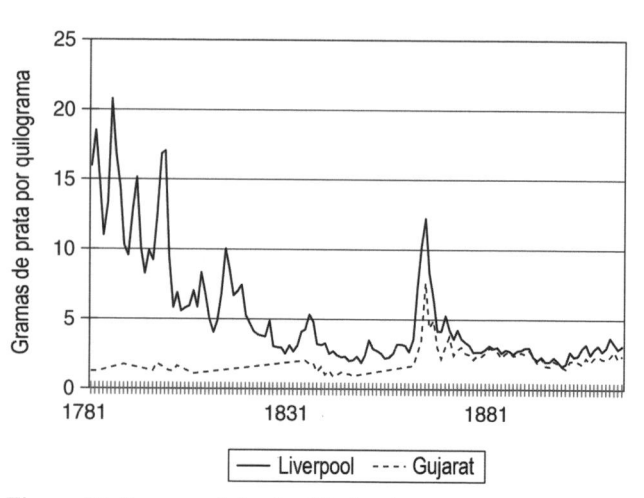

Figura 13. Preço real do algodão bruto

Índia ganhou uma vantagem na agricultura – o plantio do algodão, em particular. A Figura 13 mostra o preço real do algodão bruto em Gujarat e em Liverpool de 1781 a 1913. No século XVIII, o algodão era muito mais barato na Índia. Os preços do algodão caíram na Grã-Bretanha com a ampliação do plantio de algodão no sul dos Estados Unidos. Nos anos 1830, o mercado inglês e o mercado indiano estavam integrados. Enquanto a integração nos mercados de fios e tecidos resultou no declínio dos preços, que eliminou os manufatureiros indianos, o inverso ocorreu na agricultura. O preço do algodão bruto subiu gradualmente, levando a uma ampliação do plantio e das exportações de algodão bruto para abastecer a indústria têxtil britânica.

Numa viva discussão perante o Comitê Especial do Parlamento Britânico sobre a Produção da Índia Oriental, em 1840, John Brocklehurst, membro do Parlamento por Macclesfield, afirmou ao depoente Robert Montgomery Martin que "a destruição da tecelagem na Índia já havia ocorrido" e, portanto, "a Índia é um país agrícola e não manufatureiro, e as partes antes empregadas em manufaturas agora foram absorvidas pela agricultura". Martin, que era um crítico do Império Britânico, replicou:

> Não concordo que a Índia seja um país agrícola; a Índia é um país igualmente agrícola e manufatureiro, e quem procura reduzi-la à posição de um país agrícola procura rebaixá-la na escala da civilização... suas manufaturas de vários tipos existem há eras e nunca nação alguma foi capaz de concorrer com elas, desde que as regras do jogo fossem honestas.

Por mais louváveis que fossem os sentimentos de Martin, as forças do mercado estavam do lado de Brocklehurst, e a indústria britânica eliminou do mercado a manufatura indiana.

A história dos têxteis indianos foi a mesma de grande parte do Terceiro Mundo no século XIX. A transformação técnica direcionada, somada à globalização, promoveu a industrialização dos países ocidentais, simultaneamente desindustrializando as antigas economias manufatureiras da Ásia. Mesmo quando as nações eram independentes – um exemplo é o Império Otomano –, a transformação técnica e a queda nos custos de transporte vieram a transformá-las em países subdesenvolvidos modernos. Em meados do século XX, o problema do desenvolvimento econômico asiático foi formulado como um problema de modernização de "sociedades tradicionais". Na verdade, suas circunstâncias nada tinham de tradicionais. O subdesenvolvimento foi resultado do desenvolvimento industrial ocidental e da globalização no século XIX.

A indústria moderna na Índia

Estaria a Índia destinada a permanecer como um país menos desenvolvido, que exportava produtos primários e importava manufaturas? Ou à eliminação da produção artesanal se seguiria o desenvolvimento industrial, com a construção de fábricas modernas para aproveitar a mão de obra barata da Índia? A história indiana é uma experiência especialmente importante na tentativa de responder a essas perguntas, pois a Índia teve o benefício do domínio britânico, da legislação britânica e do livre comércio britânico. Ajudaram ou prejudicaram?

A Índia teve, de fato, um certo desenvolvimento industrial. Os principais êxitos foram as indústrias de juta e de algodão. Ambas aproveitaram os baixos salários indianos. Investidores britânicos financiaram a multiplicação de fábricas de juta em Bengala, e na época da Primeira Guerra Mundial era a maior indústria do mundo, cujas exportações tinham eliminado os concorrentes britânicos da maioria dos mercados importadores. A indústria do algodão prosperou em Bombaim, e em 1913 estava processando 360 mil toneladas de algodão bruto por ano – mais do que a França, mas menos do que a Alemanha. Esses sucessos, porém, tiveram um impacto quase insignificante na economia nacional. As fábricas de algodão e juta empregavam meio milhão de pessoas em 1911, bem abaixo de 1% da força de trabalho. A economia continuava maciçamente agrícola.

O desenvolvimento industrial exigia que a economia se afastasse do padrão ditado pela vantagem comparativa. A concepção nacionalista é que a Índia precisava da estratégia padrão das políticas de desenvolvimento que ajudaram a Europa Ocidental e os Estados Unidos a alcançarem a Grã-Bretanha – isto é, barreiras tarifárias, bancos de investimento, melhorias de infraestrutura interna e ensino universal.

O que mais chama a atenção no domínio imperial é que esse programa foi muito pouco aplicado. No século XIX, apenas 1% da população indiana estava na escola, e o índice de alfabetização da população adulta era de 6%. As tarifas de importação eram baixas e apenas para finalidades tributárias. Não havia uma política bancária para financiar a indústria.

As iniciativas tomadas pelo governo indiano demonstram claramente as limitações de sua política. Regiões como o Punjab eram irrigadas para aumentar as exportações agrícolas. Houve a implantação de ferrovias depois do Motim de 1857 para a movimentação das tropas pelo país e para ligar os distritos rurais do interior à costa, de modo a facilitar a exportação de produtos primários. Por fim, havia 61 mil quilômetros de ferrovias antes da Primeira Guerra Mundial, o que deu à Índia uma das maiores redes ferroviárias do mundo. As ferrovias de fato criaram um mercado nacional, pois os produtos podiam ser transportados por toda a Índia a baixo custo.

No entanto, deve-se entender a construção das ferrovias na Índia como uma oportunidade desperdiçada. As ferrovias eram projetos enormes, que exigiam insumos modernos como trilhos de aço e locomotivas. Na maioria dos países, a construção de uma rede ferroviária assegurou a ampliação ou mesmo a criação desses setores industriais, utilizando barreiras alfandegárias e exigências de fornecimento que canalizassem as encomendas para indústrias locais. Mas, na Índia, o governo colonial garantiu que as encomendas fossem feitas a empresas britânicas. Houve um salto nas exportações de bens industriais para a Índia. Mas não houve nenhuma derivação para a Índia e foi necessário esperar até o século XX para surgir uma indústria pesada e metalurgia de ferro no país.

Ainda hoje, o emprego agrícola predomina na Índia, Paquistão e Bangladesh, e é o mesmo caso em outros países pobres. Alguns países que eram pobres no século XIX, porém, se saíram muito melhor no século XX, seguindo a estratégia padrão e também indo além dela, dando um Grande Impulso, como veremos depois.

Capítulo 6

As Américas

A incorporação das Américas à economia global teve enormes ramificações para o Velho e o Novo Mundo. A população americana nativa foi praticamente aniquilada, e as civilizações indígenas foram substituídas pela europeia. A Europa setentrional ganhou impulso para a industrialização, e as próprias Américas exemplificam a divisão mundial entre um Norte rico e um Sul pobre.

As diferentes trajetórias de desenvolvimento da América do Norte e a América do Sul remontam ao período colonial e têm suas raízes na geografia e na demografia. A América do Sul contava com a maior parte da população indígena e tinha a maior riqueza. Era também mais distante da Europa. Essas diferenças se somaram formando a diferença de rendas que vemos na atualidade.

A geografia era um fator importante, pois afetava as condições do comércio com a Europa. O comércio podia ser bom ou ruim para o crescimento econômico. De um lado, as manufaturas britânicas baratas inibiam a industrialização; de outro lado, a exportação de produtos agrícolas locais era um estímulo vigoroso ao desbravamento e à agricultura em geral, o que poderia servir de trampolim para uma industrialização posterior. A América do Norte foi favorecida nesse aspecto. Primeiro, ficava mais próxima da Europa, que era o principal mercado das exportações coloniais. Com os altos custos de transporte, os norte-americanos podiam produzir e exportar lucrativamente uma gama de produtos maior do que a dos sul-americanos. Essa vantagem era reforçada pela geografia interior dos continentes. A faixa litorânea leste da América do Norte era larga e fértil o suficiente para sustentar uma economia significativa, e podia-se alcançar o interior do continente pelos rios St. Lawrence, Mohawk-Hudson e Mississippi. Em contraste, a maior parte da atividade econômica na América Latina se situava no interior do México e nos Andes. Não havia rios ligando essas regiões à costa, e assim o custo de exportação era alto.

A demografia também era importante. O clima temperado da maior parte dos Estados Unidos e do Canadá e de boa parte da América do Sul não representava grande ameaça de doenças para os europeus, e assim prosperaram nessas regiões. Em contraste, as doenças tropicais causavam grande mortandade dos europeus no Caribe e na região amazônica, reduzindo o crescimento da população europeia.

A população nativa tinha uma distribuição desigual nas Américas. Os nativos viviam em sua maioria no México (21 milhões) ou nos Andes (12 milhões); apenas cerca de 5 milhões viviam nos Estados Unidos, e apenas 250 mil nas treze colônias originais. A diferença populacional refletia a geografia. O México e o Peru eram os habitats dos progenitores naturais dos principais alimentos nativos – milho, feijão, abóbora, batata e quinoa. Essas plantas foram domesticadas onde cresciam silvestres e, assim, estavam bem adaptadas ao meio ambiente. Além disso, foram cultivadas nessas regiões antes de qualquer outro lugar. O milho e o feijão, por exemplo, foram domesticados 4.700 anos atrás, e assim fazia 4.200 anos que a população mexicana plantava essas duas culturas, antes da chegada de Cortés em 1519. Evidentemente, o milho, o feijão e a abóbora tiveram ampla difusão, mas foi preciso adaptar sua genética e cultivo aos diversos ambientes, o que retardou essa difusão. O ciclo de crescimento do milho, por exemplo, teve de ser reduzido dos 120-150 dias característicos nos trópicos para cerca de 100 dias ou menos nos climas mais frios, e essa tarefa só foi concluída por volta do ano 1000. Antes dessa data, não se plantava extensamente o milho em nenhum lugar da parte oriental dos Estados Unidos ou do Canadá, de modo que a população do leste da América do Norte teve pouco tempo de cultivá-lo antes da chegada dos europeus.

A chegada dos europeus foi uma catástrofe para os nativos. Uma estimativa média da população nativa em 1500 é de 50 milhões; em 1750, caíra para talvez 5 milhões. Grande parte dessa queda resultou da introdução de doenças como varíola, bexiga, gripe e tifo, contra as quais os nativos não tinham imunidade. Os demais sucumbiram à guerra, à escravização e aos maus tratos dispensados pelos colonizadores.

As consequências dessa queda, que se deu entre todos os nativos, foram diferentes na América do Norte e na América do Sul porque o tamanho das populações antes do contato com os europeus era diferente. No México, a população nativa caiu mais de 90%, atingindo um mínimo de 750 mil nos anos 1620. Ainda assim, era o triplo da população na costa leste dos Estados Unidos antes da chegada europeia. Nos Andes, a população nativa caiu abaixo de 600 mil, após uma epidemia em 1718-20. A população mexicana nativa se recuperou após a metade do século XVII, atingindo 3,5 milhões em 1800, e a população andina nativa alcançou 2 milhões. Apesar da imigração espanhola nos três séculos anteriores, os nativos correspondiam a 60% da população nessas regiões e os mestiços correspondiam a 20%. Os outros 20% correspondiam aos brancos relativamente prósperos, que governavam essas colônias. Tal estrutura racial e econômica teve implicações negativas para o crescimento no longo prazo.

A situação era muito diferente na América do Norte porque, em primeiro lugar, era pequeno o número de nativos. Os 250 mil ameríndios que viviam na costa leste em 1500 estavam reduzidos a apenas 14.697

em 1890, a primeira vez em que houve uma contagem completa deles no recenseamento dos Estados Unidos. A maior parte dessa queda se deu no século XVII e, na verdade, muitas vezes ocorreu antes do povoamento europeu. Antes da chegada dos peregrinos em Massachusetts, em 1620, houvera a epidemia de 1617-19. Os peregrinos viram o fato como uma bênção divina: "Até aqui a boa mão de Deus tem favorecido nossos inícios... varrendo grandes multidões de nativos... um pouco antes de chegarmos aqui, para poder abrir espaço para nós". Cinquenta anos de guerra dizimaram os restantes. Com a alta mortalidade entre os nativos e a baixa mortalidade entre os colonizadores, rapidamente as colônias americanas se tornaram um transplante da Inglaterra. As exceções óbvias dessa generalização eram as colônias sulinas, para onde os europeus importaram escravos africanos para o trabalho pesado. Mas a sobrevivência dos nativos não afetou o desenvolvimento na América do Norte, como ocorreu ao sul do rio Grande.

A economia colonial da América do Norte

O assentamento foi o tema central da história colonial dos Estados Unidos. Alguns colonos, especialmente na Nova Inglaterra, eram motivados pela vontade de criar sua própria autocracia religiosa, sem se submeter à hegemonia de outro credo. Mas a maioria deles tinha como motivação o ganho econômico, e mesmo os puritanos esperavam alcançar o mesmo padrão de vida em Massachusetts que teriam alcançado na Inglaterra.

O assentamento dos colonos e a exportação estavam intimamente vinculados na América do Norte britânica. O economista canadense Harold Innis deu destaque a essa mútua relação com seu "modelo primário-exportador", sustentando que o crescimento de uma região como o Canadá foi determinado pelo aumento de suas exportações de produtos primários – bacalhau, peles, madeira – para a Europa. A venda desses produtos permitia a compra de artigos manufaturados como tecidos, ferramentas, louças de barro, livros etc. Estes não eram produzidos na colônia e sim importados da Grã-Bretanha, visto que as indústrias britânicas eram grandes e tinham uma economia de escala, o que significava que podiam produzir com mais eficiência do que pequenas firmas coloniais. "Os agricultores acham melhor para seus lucros entregar [i.é, trocar] seu gado e milho por tecidos do que passar a fazer tecido." As Leis de Navegação britânicas impediam que os holandeses e os franceses atendessem às necessidades das colônias.

As colônias exportadoras tinham três características. Primeiro, a diferença de preço entre o produto na colônia e na Europa correspondia ao custo de transporte. Os preços nos dois mercados subiam e desciam juntos, visto que estavam ligados pelo comércio. Segundo, as exportações respondiam por uma grande parcela da renda colonial, e o restante correspondia a serviços de apoio. Terceiro, o retorno do capital dos colonos superava o retorno na Europa por uma margem que cobria os custos e os riscos de mudança para a colônia.

A Pensilvânia ilustra esses princípios. A colônia foi fundada em 1681 e era adequada ao plantio de trigo, que se tornou seu produto de exportação. As exportações da Pensilvânia concorriam com o produto irlandês e inglês nas Índias Ocidentais, na Ibéria e nas Ilhas Britânicas. Em decorrência disso, os preços na Filadélfia e em Londres oscilavam em conjunto. A sincronização fica evidente na Figura 14. A Guerra dos Sete Anos (1756-63) e a Revolução Americana (1776-83) são as exceções que confirmam a regra, pois o comércio foi afetado nesses períodos e a correlação de preços cedeu.

Além do trigo e da farinha, a colônia exportava produtos de madeira, navios, ferro e potassa, e mantinha um

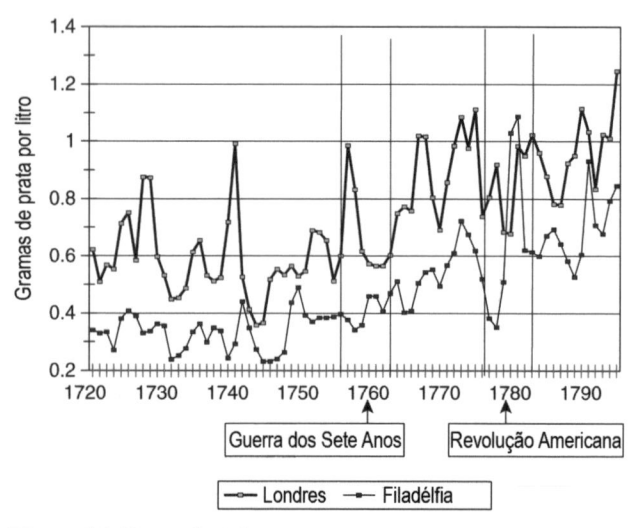

Figura 14. Preço do trigo

comércio exterior com sua marinha mercante. As exportações eram importantes para a economia da colônia e chegaram a cerca de 30% da produção total em 1770. Os ganhos com essas vendas no comércio exterior pagavam os bens de consumo ingleses.

À medida que crescia, a economia passou a atrair mais mão de obra da Europa. No século XVIII, os salários reais da Filadélfia acompanhavam a tendência inglesa, mas num patamar mais alto para compensar os colonos pelo custo de se transferir para um lugar remoto e agreste (Figura 15). A Inglaterra e suas colônias norte-americanas eram locais prósperos, com salários até cinco vezes acima do mínimo de subsistência – em contraste com cidades como Florença, onde os salários caíram ao nível mínimo no final do século XVIII.

A economia da Nova Inglaterra teve um desempenho menos satisfatório, como indica a Figura 15.

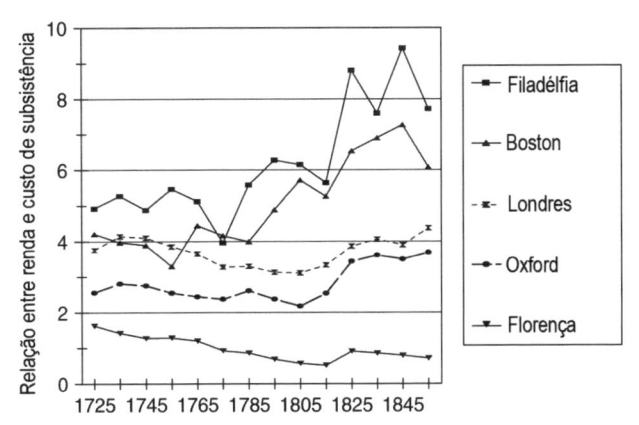

Figura 15. Salários de um trabalhador não qualificado, Europa e Estados Unidos

Nas primeiras décadas do século XVIII, os salários em Massachusetts acompanhavam os de Londres, mas eram mais baixos do que os da Pensilvânia. Embora Massachusetts ocupe um lugar simbólico muito importante na concepção popular da história americana, sua economia sempre foi precária por falta de um produto agrícola de exportação. O comércio exportador se desenvolveu com peixe, gado, óleo de baleia e produtos de madeira, incluindo navios. Os colonos da Nova Inglaterra também criaram uma indústria naval que gerou ganhos consideráveis no comércio exterior, incomodando os mercantilistas ingleses, visto que ela concorria com a matriz. Essas atividades não tiveram uma expansão rápida, e assim a demanda de mão de obra na Nova Inglaterra não aumentou à mesma velocidade do aumento natural da população. Em decorrência disso, os salários caíram e a emigração manteve um fluxo contínuo.

Embora o modelo de crescimento com a exportação de produtos primários (modelo primário-exportador) tenha sido desenvolvido para explicar o Canadá, os melhores exemplos são as colônias açucareiras do Caribe. O primeiro contato dos europeus com o açúcar foi nas Cruzadas na Palestina. Depois de expulsos, a produção foi transferida para Chipre e, com o tempo, o açúcar passou a ser plantado em ilhas do Atlântico. A ocupação portuguesa de São Tomé foi um ponto de inflexão, quando os portugueses inauguraram a lavoura de cana em grandes fazendas à base de trabalho escravo da África. Esse sistema foi introduzido posteriormente no Brasil e no Caribe, onde se demonstrou de enorme lucratividade. Nos séculos XVII e XVIII, Barbados, Jamaica, Cuba e São Domingos (atual Haiti) estavam entre os lugares mais ricos do mundo.

Uma colônia caribenha plantava cana e outras culturas, como café, e exportava os produtos para a Europa. O capital e o trabalho necessários eram fornecidos por investidores europeus e escravos africanos, que provaram ser uma fonte de mão de obra mais barata do que os imigrantes europeus. A mortalidade nas fazendas de cana era muito alta, e era tão barato comprar novos escravos que a reposição da mão de obra escrava se dava por aquisição e não pelo crescimento natural. Por exemplo, foram levados 4 milhões de escravos para as Índias Ocidentais Britânicas, mas, na abolição da escravatura em 1832, havia apenas 400 mil deles. O volume de exportações determinava o tamanho da economia colonial. Na Jamaica em 1832, por exemplo, as exportações de açúcar, café e outros produtos tropicais correspondiam a 41% da receita da ilha. Os restantes eram atividades de apoio às fazendas (produção de alimentos para os escravos, outros suprimentos, serviços de transporte e embarque, autoridades judiciais e forças policiais, alojamentos para os empregados nesses setores complementares) ou despesas de consumo dos fazendeiros com criadagem e casas de campo. Os gastos dos fazendeiros na colônia correspondiam a apenas uma pequena parcela de suas rendas, que eram, em sua maior parte, repatriadas para a Grã-Bretanha, em vez de ser investidas na Jamaica.

Muitas características do Caribe se repetiam nas colônias sulinas dos futuros Estados Unidos. O Sul tinha os produtos de exportação valiosos – arroz e índigo na Carolina do Sul, tabaco na Virgínia e em Maryland. Essas culturas eram produzidas em fazendas inicialmente abastecidas com servos ingleses no sistema de *indenture* e depois por escravos africanos. O Sul era mais rico do que as colônias ao Norte, atraía maior número de colonos e era o destino da maioria dos escravos.

A Carolina do Sul, por exemplo, foi colonizada inicialmente em 1670. Mas os colonos não tinham "nenhuma mercadoria adequada ao mercado da Europa, afora alguns couros que compravam dos índios nativos e um pouco de cedro com que ajudam a encher o navio que traz os couros para Londres". Nas décadas seguintes, tentaram encontrar algum produto de exportação e acabaram chegando ao arroz. As exportações subiram de 69 libras *per capita* em 1700 para 900 libras em 1740. As importações de escravos deram um salto, passando de 275 por ano para 2 mil no mesmo período. As experiências com técnicas de cultivo aumentaram a produtividade da terra e da mão de obra em 50%. A estrutura social das faixas litorâneas onde se cultivava o arroz passou a se assemelhar cada vez mais às ilhas açucareiras do Caribe. As exportações somavam mais de 30% da renda total da costa. A economia girava em torno do arroz, tal como a da Jamaica girava em torno do açúcar. A população se tornou maciçamente negra.

A população branca, que constituía metade da população total do *Deep South* (Alabama, Geórgia, Louisiana, Mississipi e Carolina do Sul), se retirou para o interior, onde predominava a pequena propriedade familiar. Embora cultivassem o próprio alimento, estavam longe da autossuficiência, visto que forneciam alimentos às plantações de arroz e utilizavam os ganhos para comprar tecidos e outros bens de consumo ingleses. A Virginia e Maryland operavam de maneira semelhante, tendo o tabaco como produto de exportação.

As colônias britânicas eram muito diferentes entre si, em termos de desigualdade social e econômica. As colônias da Nova Inglaterra e do Médio Atlântico eram as mais igualitárias. Havia alguns escravos, mas a escravidão não tinha qualquer peso na agricultura – não por escrúpulos morais ou dificuldades técnicas, mas porque os escravos não gerariam renda suficiente para cobrir seu custo. A abundância de terra mantinha seus preços baixos e significava que a maior parte da renda advinha dos salários, que necessariamente tinham uma ampla distribuição. Na outra ponta estavam as colônias caribenhas, onde a maioria da população era de escravos e a desigualdade era extrema. As colônias do Sul dos Estados Unidos eram casos intermediários, que conjugavam a desigualdade do sistema de fazendas com o igualitarismo dos pequenos agricultores da fronteira.

Mas havia uma vantagem partilhada pelas economias de todas as colônias norte-americanas e que pressagiava um bom futuro para elas – a saber, o índice de alfabetização dos colonos brancos era tão ou mais alto do que na Inglaterra, um dos maiores da liga mundial (Tabela 4). Na época da Revolução, 70% dos homens livres na Virgínia e Pensilvânia sabiam assinar seus nomes, contra 65% na Inglaterra na mesma época. Na Nova Inglaterra, o índice era de quase 90%, o que se conseguia com escolas públicas e frequência obrigatória.

Por que o grau de instrução era alto nas colônias? Pela mesma razão pela qual era alto na Inglaterra: a vantagem econômica. Como o padrão de vida dos colonos dependia dos mercados estrangeiros e da exportação para a matriz, isso significava que ler, escrever e fazer contas traziam retorno. A alfabetização também adquiria valor devido ao sistema jurídico, visto que os contratos e os títulos de propriedade da terra eram documentos escritos. A vontade dos puritanos de ler a Bíblia pode ter tido influência em elevar o nível de instrução de Massachusetts acima dos da Inglaterra ou da Pensilvânia, mas sua economia, fundada na navegação e no comércio exterior, lhes dava um forte motivo econômico para frequentar a escola.

A economia colonial da América Latina

As diferentes regiões da América Latina seguiram diferentes trajetórias de desenvolvimento, em comparação aos futuros Estados Unidos, e nenhuma delas se deu tão bem. É preciso distinguir: (1) Caribe e Brasil; (2) Cone Sul (Argentina, Chile, Uruguai); (3) México e Andes.

Já falamos das economias caribenhas; ocorreu um desenvolvimento semelhante no Brasil, mas em escala maior refletindo suas dimensões maiores. O Brasil estava a uma proximidade suficiente da Europa para exportar açúcar, que os portugueses introduziram no começo do século XVI, a partir de São Tomé. No começo, as fazendas utilizavam índios nativos como escravos, mas estes logo foram substituídos por africanos e teve início o primeiro ciclo exportador. Entre 1580 e 1660, Portugal era unido à Espanha. A guerra holandesa contra a Espanha se estendeu a Portugal, e os holandeses ocuparam Pernambuco, a província canavieira do Brasil, entre 1630 e 1654. Quando saíram, levaram as técnicas de produção de açúcar e introduziram o plantio de cana no Caribe. Os produtores caribenhos estavam mais perto da Europa e podiam bater a concorrência brasileira: o preço do açúcar em Amsterdã caiu de três quartos de florim holandês por libra, em 1589, para um quarto de florim holandês em 1688. As fazendas canavieiras brasileiras não podiam concorrer com esses preços, e assim terminou o ciclo do açúcar no Brasil. A história econômica do país nos três séculos seguintes foi uma sucessão de ciclos: ouro (começo do século XVIII), café (1840-1930), borracha (1879-1912). Em cada caso, despachava-se o produto para a Europa e traziam-se escravos ou colonos para cultivá-lo ou extraí-lo. Como o açúcar no Caribe – mas ao contrário dos Estados Unidos –, os ciclos exportadores do Brasil nunca redundaram num crescimento econômico moderno: por que não?

O Cone Sul da América Latina era parecido com a América do Norte, no sentido de que tinha uma pequena população nativa que foi dizimada por doenças, guerras e maus-tratos dos europeus. Os pampas podiam produzir carne e trigo em níveis pelo menos iguais ou superiores aos da Pensilvânia, mas a Argentina ficava distante demais da Europa para ser viável no período colonial. O máximo que a Argentina conseguiu alcançar foi um pequeno comércio exportador de couros. O Chile ficava ainda mais longe. A história econômica desses países só começou a sério em meados do século XIX, quando os navios já tinham se aperfeiçoado o suficiente para que seus produtos de exportação fossem competitivos na Europa.

As colônias espanholas mais importantes eram o México e os Andes. Suas histórias foram determinadas pelas conquistas. Enquanto os colonizadores norte-americanos encontraram nativos praticando uma agricultura de derrubada e queimada numa paisagem pouco habitada, os espanhóis encontraram populações densas, cidades grandes, uma agricultura produtiva, montanhas de ouro e prata e uma organização política e religiosa tão hierarquizada quanto a deles. Os conquistadores derrubaram os dirigentes astecas e incas e ocuparam seus lugares. Pilharam o ouro e a prata. As religiões nativas foram destruídas, seus textos queimados, e instalou-se o catolicismo. Os nativos foram reduzidos a uma raça subserviente, cuja finalidade era sustentar os conquistadores. Centenas de milhares de espanhóis foram para a América em busca de fortuna.

Os astecas e os incas tinham explorado seus súditos impondo tributos e trabalho forçado, e os espanhóis fizeram a mesma coisa. Os salários nativos eram excepcionalmente baixos: nos anos 1530, um mexicano nativo plenamente empregado ganharia apenas um quarto do custo de uma cesta básica de subsistência (Figura 16). Não era o suficiente para sustentar uma família. Eram tamanhos os abusos que, em 1542, a Coroa espanhola proibiu a escravidão aborígene e restringiu os poderes dos conquistadores.

Enquanto isso, a população nativa era dizimada, mas sobreviveu em quantidade suficiente para que a exploração de sua mão de obra continuasse a compensar. Uma das estratégias era o trabalho forçado. Nos anos 1570, a *mita*, um sistema inca anterior para recrutamento de mão de obra, foi retomada para obter trabalhadores para as

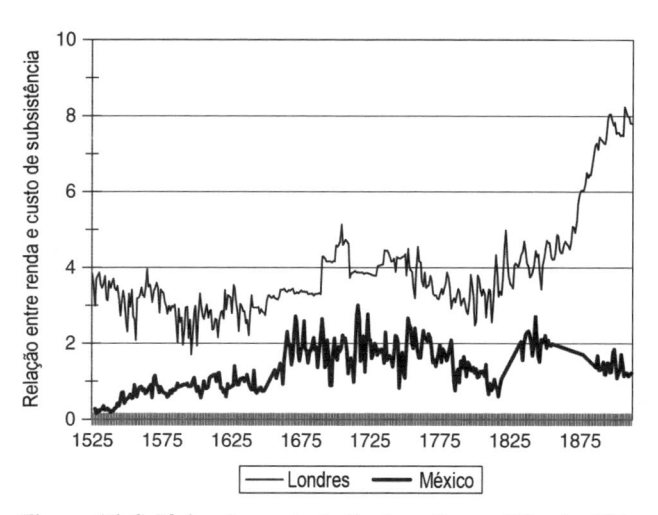

Figura 16. Salários de um trabalhador não qualificado, México e Londres

minas de prata de Potosi. O México seguiu precedentes astecas com sua própria modalidade de trabalho forçado, o *repartimento*. A Coroa também cedeu terras desabitadas aos espanhóis, as *haciendas*. No começo do século XVII, mais da metade da terra agriculturável no vale do México tinha sido adquirida dessa maneira, ficando nas mãos de espanhóis ricos. O restante da terra era de posse comunitária, onde grupos nativos praticavam uma agricultura de rotação. Uma grande população nativa ocupando a terra num sistema de uso coletivo era algo que não encontrava paralelo nas colônias norte-americanas.

Outra diferença importante em relação à América do Norte era a geografia, que impedia que o Peru e o México exportassem produtos agrícolas. Isso não surpreende no caso do Peru, distante demais da Europa. Na verdade, os mercados na costa oeste da América estavam mais integrados com a Ásia do que com a Europa. Os espanhóis percorriam Acapulco e Manilha com seus galeões, trocando moedas de prata por chá e seda da China. Nas décadas finais do século XVIII, "numerosos navios franceses, ingleses e americanos" compravam peles de foca dos nativos da atual Colúmbia Britânica e vendiam na China. "O preço das peles, enquanto subia na costa americana, caiu enormemente na China."

O caso do México é mais intrigante. Vera Cruz, seu porto no Caribe, e New Orleans estavam à mesma distância da Europa. Mas o problema para o México era o alto custo de transportar os bens entre o mar e o planalto no interior, a milhares de metros de altitude. A estrada de Vera Cruz à Cidade do México foi "melhorada" várias vezes – na metade do século XVIII e novamente em 1804. Mesmo assim, o transporte dos produtos era feito no lombo de mulas, em vez de carroças ou vagões. Saía caro demais, o que impedia que a importação ou exportação de produtos agrícolas fosse lucrativa, e também resultava num menor grau de proteção à manufatura local. O isolamento foi reforçado por leis espanholas proibindo o comércio com qualquer outro país além da Espanha, com o objetivo, como seus análogos ingleses, de criar uma reserva do mercado colonial para os manufatureiros espanhóis.

Praticamente o único produto que o México e os Andes podiam exportar era a prata. Logo após a conquista, os espanhóis passaram a procurar metais preciosos. As maiores descobertas foram as minas de Potosi na Bolívia (1545) e as minas mexicanas em Zacatecas (1545), Guanajuato (1550) e Sombrerete (1558).

A prata apresentava desvantagens significativas como principal produto de exportação, impedindo o México e os Andes de repetirem o desenvolvimento norte-americano. Em primeiro lugar, a prata era inflacionária. As economias do Peru e do México se baseavam na cunhagem de moedas, e o aumento em suas reservas monetárias elevou preços e salários acima dos níveis mundiais. O trigo no México, por exemplo, era de quatro a dez vezes mais caro do que em Amsterdã. Os salários no México eram o dobro dos da Itália ou Índia, e os salários nos Andes eram o dobro dos mexicanos. Só era possível sustentar tais diferenciais por causa do alto custo de transporte, das restrições comerciais da Espanha, que impediam a entrada de importações baratas (embora o contrabando fosse um problema constante), e do alto custo das próprias manufaturas espanholas, também inflacionadas pela prata do Novo Mundo. Em segundo lugar, a prata não gerava muitos empregos. As minas de prata mexicanas empregavam 9.143 homens em 1597, e Potosi empregava de 11 a 12 mil homens em 1603. O emprego nesta última baixou para 4.959 por volta de 1790. Eram números ínfimos em comparação ao total da força de trabalho, além de muito menores do que a quantidade de empregos para a produção e distribuição das exportações agrícolas norte-americanas. Em terceiro lugar, grande parte da receita gerada pela mineração da prata seguia para um pequeno grupo de proprietários ricos, em vez de ser distribuída em amplas camadas da população. Assim, a prata contribuiu para uma extrema desigualdade na América Latina.

O México não era uma economia exportadora nos moldes norte-americanos. Em 1800, suas exportações somaram apenas 4% do PIB. A maior parte da economia mexicana não tinha nada a ver com a exportação. Portanto, a distribuição de renda no México seguia leis diferentes das que operavam nas colônias britânicas. Na América do Norte, o capital e o trabalho se implantaram na colônia respondendo a oportunidades de exportação, e os rendimentos ficavam na Inglaterra, enquanto a colônia precisava disputar colonos e investimentos. No México, os salários eram determinados por fatores internos – a coerção dos nativos, o equilíbrio entre terra e mão de obra, a eficiência da economia. Os dois primeiros fatores foram mais importantes no período da grande queda populacional, anterior a 1650, enquanto o terceiro foi decisivo no período subsequente de crescimento da população.

Antes de 1650, o México mostrava um padrão que é bastante comum em muitas economias pré-industriais: a população e os salários eram inversamente proporcionais. Quando os espanhóis chegaram nos anos 1520, a população era muito numerosa e os salários eram baixos. Na verdade, o poder dos conquistadores comprimiu ainda mais os salários do que decorreria do tamanho da população. Com a grande queda da população nativa, os salários reais subiram (apesar das tentativas de impor o trabalho forçado) e alcançaram um valor de aproximadamente 1 nos meados do século XVII (Figura 16). Com esse salário, um trabalhador em tempo integral podia sustentar a família num nível minimamente confortável.

Depois de 1650, a população mexicana passou de 1-1,5 milhão para 6 milhões em 1800. Durante o mesmo período – e isso é de grande importância – a relação inversa entre população e salário se rompeu: o salário subiu ao dobro do nível de subsistência, apesar do crescimento populacional. Só seria possível o aumento simultâneo do salário e da oferta de mão de obra se a demanda de mão de obra crescesse mais rápido do que a oferta. O aumento na demanda de mão de obra refletia uma produtividade crescente em toda a economia. A agricultura se transformou com a integração de culturas e criações europeias (trigo, gado ovino e gado bovino) às culturas indígenas (milho, feijão, abóbora, tomate, pimenta vermelha). O transporte se revolucionou com animais de tração europeus (cavalos e mulas). A manufatura ganhou ímpeto com a fabricação de novos produtos (tecidos de lã) e a concentração da produção em regiões especializadas, o que incentivou a divisão do trabalho. Essas eram as características da indústria inglesa, que a faziam mais produtiva do que a americana e impediam a manufatura nas colônias. Em contraste, devido ao isolamento do México e dos Andes e suas populações numerosas, tornava-se viável o desenvolvimento manufatureiro. A expansão da economia latino-americana se deu, evidentemente, sob o domínio espanhol e mostra que as políticas da Espanha, por menos liberais que fossem, não foram prejudiciais a ponto de impedir a expansão econômica.

Embora a economia mexicana crescesse no período colonial, sua sociedade era extremamente desigual. A população era dividida em categorias raciais definidas por lei, e essas divisões correspondiam a clivagens econômicas. Uma reconstituição nos mostra a elite espanhola (10% da população) detendo 61% da receita total, enquanto os camponeses nativos (60% da população) recebiam apenas 17%. A desigualdade mexicana era muitíssimo maior do que a da Nova Inglaterra e das colônias do Médio Atlântico, provavelmente similar à do Caribe e das regiões monocultoras do Sul dos Estados Unidos, embora atualmente seja impossível fazer um cálculo exato. Essa grande desigualdade se mostrou prejudicial ao crescimento após a independência.

Independência: Estados Unidos

Os Estados Unidos declararam sua independência da Grã-Bretanha em 1776, e seu sistema de governo foi instaurado com a adoção da Constituição em 1787. A economia teve um arranque no período anterior à guerra civil (1790-1860). A população aumentou oito vezes, e a renda *per capita* dobrou.

Pode-se interpretar a economia anterior à guerra como mais um exemplo da teoria primário-exportadora.

O tabaco, o arroz e o índigo perderam impulso, mas foram substituídos pelo maior produto agrícola de todos: o algodão. A demanda pela fibra do algodão disparou na Grã-Bretanha, com os desdobramentos da Revolução Industrial. O algodão era plantado na Geórgia, mas não constituía uma atividade de alta lucratividade até 1793, quando Eli Whitney inventou a descaroçadeira. O plantio então se alastrou por todo o Sul. O algodão era plantado em grandes fazendas escravistas, e as importações de escravos aumentaram até serem proibidas pelo Congresso, em 1808. Nos cinquenta anos seguintes, a população escrava aumentou por crescimento vegetativo, e esse crescimento foi legitimado economicamente pela rápida expansão da indústria têxtil de algodão. Nos anos 1850, o algodão tinha alta lucratividade, e a escravidão não teria terminado sem a Guerra Civil (1861-1865).

Os teóricos primário-exportadores acreditam que as exportações de algodão impulsionaram toda a economia americana. De acordo com esse ponto de vista, a agricultura do Meio Oeste se expandiu para abastecer a alimentação das fazendas – conclusão que tem sido muito debatida. O algodão também foi responsável pela industrialização do nordeste, visto que as fazendas do sul e as pequenas propriedades do oeste eram os mercados para seus produtos.

A industrialização dos Estados Unidos também se deu com base em quatro políticas de apoio que formaram o "modelo padrão" do desenvolvimento econômico no século XIX. A primeira era o ensino de massa. Já haviam ocorrido grandes avanços nessa direção durante o período colonial, os quais se ampliaram no século XIX, guiados cada vez mais por motivos econômicos. As outras três políticas foram originalmente propostas por Alexander Hamilton em seu *Report on Manufactures* (1792) e consistiam em melhorias dos transportes para ampliar o mercado, um banco nacional para estabilizar a moeda e garantir o suprimento de créditos, e uma tarifa de importação para proteger a indústria. Sem a tarifa, as aquisições do Sul e do Oeste de manufaturas não teriam levado à industrialização dos Estados Unidos, visto que a Grã-Bretanha teria atendido à demanda, como fez no período colonial.

Henry Clay, um senador estadunidense, resumiu as propostas de Hamilton como "o sistema americano", mas elas foram aplicadas por muitos países depois de divulgadas por Friedrich List. A própria constituição foi um primeiro passo para a implantação do programa, visto que abolia as tarifas entre os estados da União e criava a base legal para um mercado nacional. Os passos restantes foram dados com a construção da estrada de Cumberland, que ligava o rio Potomac ao rio Ohio em 1811-1818, e o canal Erie ligando o rio Hudson ao lago Erie (1817-1825), a licença de funcionamento do Primeiro e depois do Segundo Banco dos Estados Unidos em 1791 e 1816, e uma série de tarifas desde 1816.

Antes de 1816, os Estados Unidos tinham apenas uma tarifa baixa, mas as Guerras Napoleônicas atingiram a frota mercante americana e levaram a medidas protecionistas dos Estados Unidos, a embargos comerciais e a uma guerra com a Grã-Bretanha em 1812. A produção manufatureira se expandiu por trás dessas barreiras. Após a derrota de Napoleão em Waterloo, em 1815, os Estados Unidos decretaram a Tarifa de 1816 para proteger a manufatura, com um imposto de 20% sobre a maioria dos artigos e de 25% sobre os têxteis. Os percentuais foram aumentados em 1824 e 1828, mas a alta tarifação era controversa e eles foram reduzidos novamente em 1846.

O protecionismo se tornou uma política tipicamente americana quando os interesses do Norte passaram a dominar o país. A Guerra Civil aumentou a necessidade de uma receita federal e houve um aumento tarifário com a Tarifa Morrill de 1861. No século seguinte, os percentuais voltaram a subir, culminando na Tarifa Smoot-Hawley de 1930. O Reino Unido, que adotara o livre-comércio desde o fim das Leis do Trigo em 1846 e das Leis de Navegação três anos depois, instituiu uma tarifa em 1932. Os outros países, em sua maioria, reagiram à depressão mundial da mesma maneira. Apenas depois da Segunda Guerra Mundial os Estados Unidos procuraram desmontar o sistema de proteção, descobrindo que servia mais a seus interesses entrar nos mercados dos outros países do que proteger seu próprio mercado.

A manufatura algodoeira dos Estados Unidos cresceu rapidamente por trás da barreira tarifária. Nos anos 1850, a indústria britânica era a maior do mundo, consumindo 290 mil toneladas de algodão bruto por ano, mas os Estados Unidos vinham em segundo lugar (111 mil toneladas), tendo uma boa dianteira em relação à França, que ocupava o terceiro lugar com 65 mil toneladas. Alexander Hamilton e Henry Clay ficariam contentes em ver que o impulso dado pelas exportações de algodão à economia havia gerado tanto progresso.

Essa conclusão, porém, atribui excessiva importância aos itens de exportação. Primeiro, embora o algodão e depois o trigo gerassem muitas divisas, o total das exportações foi de apenas 5-7% do PIB em 1800-60. Isso estava muito abaixo dos 30% realizados na Pensilvânia e na Carolina do Sul litorânea, para nem mencionar os 41% alcançados na Jamaica. As exportações de algodão e trigo não eram suficientes para impulsionar a economia do pré-guerra. Segundo, o mercado de trabalho teve um desempenho melhor do que o previsto pelo modelo primário-exportador. No século XVIII, o salário real na Pensilvânia era marginalmente maior do que os salários reais na Inglaterra, o que seria de se esperar se os Estados Unidos estivessem crescendo e atraindo imigrantes da Europa (Figura 15). Com a independência americana e a guerra europeia, o mercado de trabalho atlântico se desintegrou, e o salário real nos Estados Unidos passou a aumentar continuamente, enquanto os salários britânicos se estagnaram durante a Revolução Industrial. Nos anos 1830, os salários reais nos Estados Unidos eram o dobro dos britânicos. Se o modelo primário-exportador estivesse atuando, a imigração teria mantido os salários mais baixos.

O aumento no PIB e nos salários indica que os Estados Unidos desenvolveram a capacidade de gerar produtividade crescente por seus próprios esforços. Uma grande questão na teoria primário-exportadora é como e quando uma economia se desenvolve para além de sua dependência do produto de exportação. É evidente que os Estados Unidos fizeram a transição na primeira metade do século XIX.

Uma explicação respeitável é a hipótese de Habakkuk de que a abundância de terras disponíveis na fronteira gerou salários reais altos – por que alguém ficaria trabalhando por baixos salários em Nova York ou na Filadélfia, se podia se mudar para o oeste e montar seu próprio sítio? – e estes, por sua vez, levaram as empresas a inventar tecnologias que poupassem mão de obra, elevassem o PIB *per capita* e, por fim, aumentassem ainda mais os salários. Entre o pequeno número de economias que foram sistematicamente pioneiras no uso de tecnologia de alta produtividade e de capital intensivo, nos dois últimos séculos, contam-se os Estados Unidos, junto com a Grã-Bretanha e a Holanda, como vimos no Capítulo 4.

Com efeito, podemos ver essas forças operando no setor têxtil de algodão. O sucesso dessa indústria exigia a existência de tarifas protetoras, mas apenas elas não bastavam. O sucesso dos têxteis de algodão dependia de inovações tecnológicas que produzissem uma tecnologia que permitisse uma grande economia de trabalho. O alto custo da mão de obra levou as empresas americanas a experimentarem o uso de máquinas desde os anos 1770, mas o êxito comercial exigia trabalhadores e gerentes experientes na tecnologia. Em 1793, a primeira fábrica com sucesso comercial foi construída e gerenciada por Samuel Slater, que havia trabalhado numa fábrica inglesa. A próxima inovação foi a construção de uma usina de fiação e tecelagem movida a energia, pela Boston Manufacturing Company, em Waltham, Massachusetts, em 1813. Francis Cabot Lowell criou a empresa depois de visitar a Grã-Bretanha e ver os teares mecânicos, que depois desenhou de memória. Os protótipos foram construídos por seu engenheiro, Paul Moody. Uma das características mais notáveis do sistema Lowell-Moody foi o grau de reformulação da tecnologia britânica para adequá-la às condições americanas. Nos anos 1820, o salário real nos Estados Unidos era mais alto do que na Grã-Bretanha e, em decorrência disso, os americanos adotaram o tear à energia mais depressa do que os britânicos. Os Estados Unidos estavam assumindo a liderança mundial na tecnologia industrial.

Os avanços americanos não se restringiram aos têxteis de algodão. Em 1782, Oliver Evans construiu o primeiro moinho automático. Antes do século XIX, já se anunciavam os mecanismos de gatilho em rifles e pistolas, e os armeiros tinham de encaixar bem todos os componentes para que o mecanismo funcionasse direito. O francês Honoré Blanc e o americano Eli Whitney foram os primeiros a conceber e testar partes intercambiáveis, mas não consideraram fabricar em escala maciça, o que só foi possível com a invenção da fresadeira em 1816. Os arsenais do governo americano em Springfield e Harper's Ferry fabricavam, nos anos 1820, peças intercambiáveis para os mosquetes. As armas de fogo americanas apresentadas na Exposição do Palácio de Cristal, em 1851, impressionaram tanto os britânicos que eles enviaram uma delegação para estudar o "sistema americano". O princípio da produção padronizada das peças se difundiu para as empresas particulares de fabricação de armas, como a Colt, depois para o setor de relojoaria na metade do século XIX, a seguir para bicicletas, máquinas de costura, implementos agrícolas e, finalmente, para a indústria automobilística, onde foi um elemento fundamental para o sistema de linha de montagem da Ford. O sucesso da economia americana se baseou na aplicação de uma engenharia inovadora à gama completa de todos os setores industriais. O incentivo à mecanização proveio do alto custo da mão de obra. A resposta, para ter êxito, exigia um grande número de potenciais inventores. Na Primeira Guerra Mundial, a dinâmica mútua entre desafio e resposta fez dos Estados Unidos o líder mundial de produtividade.

Independência: América Latina

O império espanhol durou trezentos anos, como uma aliança entre a monarquia e as elites coloniais brancas.

Os reis Bourbon da Espanha tentaram criar um estado fiscal-militar moderno no século XVIII, mas suas demandas de receita encontraram a resistência das colônias. No entanto, a resistência a Madri sempre veio tingida pelas divisões raciais e econômicas da sociedade colonial. A grande onda de ataques aos brancos e suas propriedades na revolta Tupac Amaru no Peru, em 1780, foi apenas um dos vários lembretes desagradáveis dos perigos que estavam na base da pirâmide social. A América Espanhola tinha uma independência *de facto* que lhe recaíra quando Napoleão invadiu a Espanha em 1808. O império não conseguiu se reinstaurar. No México, por exemplo, Miguel Hidalgo liderou em 1810 uma revolta de nativos contra os *peninsulares* (brancos nascidos na Espanha) da classe dominante. Embora de início a revolta atraísse os *criollos* (brancos nascidos no México), a violência nativa contra os brancos em geral impediu a formação de um movimento unificado contra a Espanha e a revolta foi sufocada. Declarou-se a independência em 1821, com um golpe dos *criollos* ansiosos em preservar seus privilégios, que viam sob ameaça pelo liberalismo nascente na Espanha.

A independência trouxe décadas de estagnação econômica, com raízes nos dilemas da sociedade colonial. A maior concorrência internacional já estava corroendo o setor manufatureiro do México desde as últimas décadas do século XVIII. O resultado foi a desindustrialização, tal como na Índia. Alexander von Humboldt escreveu: "A cidade de Puebla era outrora celebrada por suas finas manufaturas de louça e chapéus". No "começo do século XVIII", as exportações "desses dois ramos da indústria deram vida ao comércio entre Acapulco e Peru". Mas as importações europeias destruíram esse comércio.

No presente, há pouca ou nenhuma comunicação entre Puebla e Lima, e as manufaturas de louças tiveram uma queda tão grande, por causa do preço baixo da cerâmica e da porcelana da Europa importados em Vera Cruz, que das 46 manufaturas que ainda existiam em 1793 restaram em 1802 apenas dezesseis de louça e duas de vidro.

Os salários reais decaíram de dois mínimos em 1780 para um mínimo nos anos 1830.

As indústrias têxteis também foram afetadas pelas importações britânicas. A maioria dos tecidos mexicanos era de lã, e os algodões eram importados da Catalunha. Quando os bloqueios britânicos contra a Espanha nos anos 1790 cortaram as importações, a produção de tecidos de algodão deslanchou em Puebla. O ciclo foi curto, pois as importações espanholas foram retomadas após 1804 e, depois da independência, o país foi inundado por panos britânicos baratos. A indústria cotonifícia mexicana se afundou. A reação foi uma versão do sistema americano de Henry Clay e das propostas de List para a Alemanha. Lucas Alamán, ministro do Interior e das Relações Exteriores, introduziu uma tarifa sobre as importações de tecidos de algodão e canalizou parte da arrecadação para o Banco de Avío, que financiava compras de equipamentos para novas fábricas. Mas não houve a criação de um mercado nacional, porque foram mantidas as tarifas internas entre os estados e pouco se fez para melhorar a infraestrutura de transporte. O ensino de massa tampouco recebeu atenção.

Os resultados foram igualmente irregulares. De um lado, entre 1835 e 1843 foram criadas cerca de 35 fiações de algodão. Os salários reais também tiveram uma recuperação a partir de 1840. De outro lado, não havia estímulo a uma indústria de bens de produção, visto que o maquinário era importado, bem como os técnicos e engenheiros que vinham fazer a instalação e supervisionar o funcionamento das máquinas. Além disso, essas fiações não levavam a lugar algum. O setor se estagnou na metade do século XIX, e foram escassos os desenvolvimentos nos outros setores industriais. Não foi um avanço geral como nos Estados Unidos.

O surto seguinte de crescimento econômico se deu no chamado Porfiriato, o período sob a ditadura de Porfirio Diaz, entre 1877 e 1911. Ele aplicou a estratégia desenvolvimentista do século XIX com mais vigor do que Alamán. Criou-se um mercado nacional com um amplo programa de construção ferroviária e a abolição das taxas interestaduais sobre as mercadorias. As tarifas foram usadas para fomentar as indústrias mexicanas. Uma inovação político-econômica foi a obtenção de capital recorrendo a investimentos estrangeiros e não a bancos nacionais de investimento. O investimento estrangeiro também se tornou a forma de introduzir tecnologia avançada.

O desenvolvimento econômico no Porfiriato foi um sucesso ambíguo. De um lado, alcançou-se um acentuado crescimento industrial. O PIB *per capita* passou de $674 em 1870 para $1.707 em 1911. De outro lado, houve pouca contribuição local para o progresso tecnológico, visto que os engenheiros estrangeiros simplesmente instalavam fábricas projetadas no exterior e, assim, o desenvolvimento do país ficou restrito às indústrias fomentadas pelo estado. Ademais, os ganhos com o crescimento não tinham ampla distribuição no país. Os salários reais entraram em tendência de baixa depois do governo Diaz. Em 1911, estourou a revolução.

Ensino e invenção

Por que a economia americana cresceu tão mais depressa do que a mexicana? Uma interpretação muito respeitada atribui o êxito dos Estados Unidos à "alta qualidade" de suas instituições e o desempenho mexicano à sua "baixa qualidade". Mas quais instituições? As vantagens dos Estados Unidos incluíam um sistema inglês de direitos de propriedade e instâncias judiciais, limites legislativos (e jurídicos) ao executivo, igualitarismo (mas não no Sul), democracia e políticas de *laissez-faire* (mas não as taxas). As desvantagens mexicanas incluíam a posse fundiária comunal dos nativos, uma extrema desigualdade social e racial, um sistema político que perpetuava as piores características da herança colonial – um conjunto de tribunais com conflito de jurisdições, um estado excessivamente regulador da iniciativa privada e um sistema tarifário ineficiente (embora possamos questionar sua importância, em vista do crescimento alcançado no período colonial).

As políticas econômicas tiveram um impacto maior na economia do que essas instituições. Os Estados Unidos foram os pioneiros na estratégia padrão do desenvolvimento oitocentista no começo do século. Criou-se um mercado nacional graças à Constituição, que abolia as tarifas entre os estados da União, e às melhorias na infraestrutura de transportes, que aumentaram ainda mais com a invenção de novas tecnologias (vapores e ferrovias); em 1816 foi criada uma tarifa protetora, implantou-se um sistema bancário nacional para estabilizar a moeda, e o ensino em massa se iniciou no período colonial. O México implementou essas políticas de maneira gradual – tarifas e bancos nos anos 1830, um mercado nacional somente depois de 1880, e o ensino de massa no final do século XX. As diferenças na política educacional ajudam muito a explicar as diferenças nas trajetórias de desenvolvimento.

As diferentes trajetórias tecnológicas refletem diferenças na oferta e demanda de tecnologia. Já em 1800, os salários reais nos Estados Unidos eram consideravelmente mais altos do que os salários ingleses. Esse prêmio criou uma demanda para máquinas que economizassem em mão de obra. À medida que surgiam invenções e a produtividade crescia, os salários aumentavam ainda mais e o processo passou a se reforçar sozinho. No México, por outro lado, os salários eram muito menores e, assim, faltava esse incentivo.

A oferta de tecnologia também era muito maior nos Estados Unidos do que no México. Não era uma questão de diferenças religiosas ou de traços medievais ou irracionais da cultura hispânica. Para tanto dispomos da autoridade do grande geógrafo e pilar da ciência germânica, Alexander von Humboldt, que morou no México em 1803. Ele ficou impressionado com a ciência mexicana.

> Nenhuma cidade do novo continente, sem excetuar sequer as dos Estados Unidos, consegue mostrar instituições científicas tão grandes e sólidas como a capital do México.

Mencionou sua universidade, a escola de minas, os institutos de arte, o jardim botânico e os círculos de cientistas. Divulgava-se a cultura científica entre o povo com conferências públicas, e o ensino científico chegava a partes remotas das províncias.

> Um viajante europeu certamente não pode deixar de se surpreender ao encontrar no interior do país, nas próprias fronteiras da Califórnia, jovens mexicanos que raciocinam sobre a decomposição da água pelo processo de amalgamação com o ar livre.

O que tolheu o México não foi a ausência do Iluminismo, e sim uma carência geral de qualificação da força de trabalho. Um indicador é a alfabetização. Nos Estados Unidos, no final do século XVIII, mais de 70% dos adultos brancos do sexo masculino eram alfabetizados; em 1850, quase 100%. Os escravos negros (14% da população), por outro lado, eram analfabetos quase em sua totalidade, e assim o alfabetismo geral entre os homens era de cerca de 86%. No México, a população branca era altamente letrada, e os demais não: "A casta de brancos é a única em que encontramos... algo como um cultivo intelectual". No México, os brancos correspondem a apenas 20% da população, de modo que o índice de alfabetismo geral era esse.

O peso tecnológico dessa diferença fica evidente nas biografias de inventores nos Estados Unidos e na Grã-Bretanha. Praticamente todos eles eram letrados. Os iletrados teriam dificuldade em inventar, pois não tinham acesso à bibliografia técnica. Além disso, os inventores operavam seus negócios, mantinham correspondências comerciais, faziam contratos, obtinham patentes e negociavam com clientes. Para fazer parte desse mundo, era preciso saber ler e escrever. Nos Estados Unidos, a grande maioria dos homens brancos estava habilitada a ingressar nesse mundo. No México, cerca de 80% da população estava excluída. Assim, o campo para uma reação tecnológica inventiva ficava igualmente reduzido.

A razão imediata para a diferença entre os dois países é evidente: os Estados Unidos tinham mais escolas do que o México. A Nova Inglaterra tinha alcançado praticamente a alfabetização completa de sua população durante o período colonial, com escolas públicas e frequência obrigatória. Horace Mann liderou a renovação do ensino de Massachusetts, onde, em 1852, foi adotado um sistema nos moldes do ensino prussiano. O "movimento da escola comum" se difundiu para outros estados do Norte, onde atendeu às necessidades da indústria. O ensino de massa se tornou tão americano quanto as tarifas altas. Em 1862, o congressista Justin Smith Morrill, por Vermont, que havia patrocinado o projeto de lei sobre as tarifas protetoras, apresentou um projeto para conceder terras federais aos estados para a construção de universidades. Foram criadas mais de setenta "faculdades em concessão de terras", como se chamavam. Entre 1910 e 1940, o "movimento pelo colegial" viu a criação de escolas secundárias públicas em todo o país. Desde a Segunda Guerra Mundial, aumentou ainda mais a expansão de colégios e universidades.

No México, não houve expansão comparável no ensino antes do século XX. A Revolução gerou mais escolas, mas em 1946 mais da metade dos adultos ainda era analfabeta. Nos últimos cinquenta anos, tem-se dado uma grande ampliação do ensino em todos os níveis. Mas, para o México, veio tarde demais, com dois séculos de atraso.

Por que os Estados Unidos e o México seguiram trajetórias diferentes? A demanda por saber ler, escrever e fazer contas era maior nas colônias norte-americanas do que no México porque elas eram economias primário-exportadoras e os colonos esperavam alcançar um padrão de nível europeu vendendo uma grande parte de sua produção para comprar bens de consumo ingleses. Tal atividade comercial era facilitada pela alfabetização. No México, em contraste, a população nativa era muito menos ativa em termos comerciais e, assim, tais qualificações lhe pareciam menos úteis.

Os governos também foram mais ágeis em construir escolas nos Estados Unidos do que na América Latina. As economias igualitárias da Nova Inglaterra e dos estados do Médio Atlântico sustentavam políticas democráticas que forneciam serviços públicos, como o ensino, que tinham ampla demanda. O México, em contraste, era governado por uma elite branca cujos interesses não seriam bem servidos por uma escolarização do povo. Por isso o povo continuou iletrado. Havia uma grande desigualdade, e os governos também representavam elites reduzidas nos

Andes e nas colônias fundadas em mão de obra escrava, como as ilhas do Caribe e o Brasil, com o mesmo resultado – pouca escolarização em toda a América Latina.

Os Estados Unidos permitem uma comparação bastante reveladora, pois sua região mais próspera no período colonial também se fundava em mão de obra escrava. Por que ela não sofreu o mesmo destino da Jamaica ou do Brasil? Depois da abolição da escravatura e do final da reconstrução, os estados do Sul também tinham grande desigualdade e eram governados por uma elite pouco interessada na escolarização da população afro-americana. O acesso ao ensino e a qualidade escolar se mantiveram em patamares baixos até o final da segregação nos anos 1960. Foi esta uma das grandes razões pelas quais o Sul se tornou a região mais pobre do país. A principal diferença entre os Estados Unidos e a América Latina era a proporção da população socialmente excluída. Nos Estados Unidos, os afro-americanos somavam um sétimo do total, enquanto os nativos e negros na América Latina correspondiam a dois terços do total. Se os Estados Unidos tivessem tratado 70% de sua população como trataram seus afro-americanos, o que resultaria não seria apenas uma injustiça em maior escala. Haveria um fracasso nacional, pois os Estados Unidos, com uma escolaridade tão limitada, jamais conseguiriam se tornar uma potência econômica.

Capítulo 7
A África

A pobreza africana não é recente. A África subsaariana era a região mais pobre do mundo em 1500 e continua a sê-lo – apesar do aumento na renda *per capita* que ocorreu desde então. O objetivo deste capítulo é identificar as estruturas e os acontecimentos contingentes que têm mantido a África pobre por tanto tempo.

A lista de candidatos é longa. A ideologia colonial persiste em alguns círculos ocidentais, atribuindo a pobreza dos africanos à sua suposta preguiça ou falta de inteligência. Versões mais sutis incluem a ideia de que os africanos estão presos à tradição ou a valores não comerciais. Mas nenhuma dessas alegações resiste a um exame histórico.

As explicações institucionais da pobreza africana também são muito difundidas. O tráfico escravo é uma das mais conhecidas e, de fato, os países mais pobres da África atual são os que exportaram maior número de escravos. No entanto, mesmo os países que resistiram vigorosamente aos escravizadores ainda são muito pobres pelos padrões contemporâneos, de forma que estava acontecendo alguma outra coisa. O colonialismo é outra explicação muito corrente, visto que, em muitos lugares, seu objetivo era transferir riquezas dos africanos para os europeus. Embora tenha ocorrido algum desenvolvimento sob o domínio colonial, a administração europeia não deslanchou um crescimento econômico moderno. Os teóricos da dependência dizem que a razão era um excesso de globalização, pois eles sustentam que a concentração da África na exportação de produtos primários resulta, a longo prazo, em desvantagens para o continente. Por fim, muitos analistas recentes têm dado ênfase à corrupção, ao intervencionismo e ao autoritarismo dos governos africanos. Se os estados falidos fossem substituídos por governos comandados por ocidentais, as economias teriam um arranque – mas apenas, claro, se os estrangeiros, desta vez, fizessem as coisas direito.

Para entender por que a África é pobre hoje, temos de entender por que era pobre em 1500. A resposta está na geografia, na demografia e na origem da agricultura. A estrutura social e econômica de 1500, portanto, determinou como o continente respondeu à globalização e ao imperialismo, e desde então tais respostas o mantiveram na pobreza.

A África e o debate sobre a grande divergência

A África subsaariana era pobre em 1500 porque não era uma civilização agrária avançada. Existiam poucas – a Europa Ocidental, o Oriente Médio, a Pérsia, partes da Índia, China e Japão. Eram os países em condições de ter uma revolução industrial. O resto do mundo, inclusive a África, não tinha tais condições, e é por isso que a África está excluída do debate sobre a grande divergência.

As civilizações agrárias tinham muitas vantagens que as separavam da África: uma agricultura produtiva, uma manufatura diversificada e os recursos institucionais e culturais necessários para o crescimento econômico moderno. Entre estes, estavam a propriedade privada da terra e a mão de obra rural sem terra, bem como os correspondentes culturais necessários para organizar a propriedade e o comércio: alfabetização, agrimensura, geometria, aritmética, sistema padronizado de pesos e medidas, moedas e um sistema jurídico baseado em documentos escritos e funcionários capazes de cuidar desses textos. Tais elementos culturais eram necessários para o avanço do comércio, para o desenvolvimento do conhecimento, da matemática e das ciências e para a invenção e difusão da tecnologia moderna. Essas condições prévias faltavam à África subsaariana, bem como a grande parte do Sudeste da Ásia, Austrália, Nova Zelândia, norte da Eurásia, Polinésia e áreas pouco povoadas das Américas.

A trajetória histórica da África foi influenciada pelas características da agricultura primitiva e suas relações com a demografia. Por volta de 3000 a.C., povos pastores do Oriente Médio introduziram rebanhos para pastar no Saara (que era mais úmido do que hoje em dia), e plantavam-se trigo e cevada no vale do Nilo e no planalto etíope. Mais tarde, os etíopes ampliaram o repertório agrícola domesticando o painço africano, capim-pé-de-galinha-gigante (*Eleusine coracana*), o gergelim, a mostarda, a falsa bananeira (*ensete*) e o café. A lavoura diversificada evoluiu com o uso de arados com tração bovina e de esterco ovino e bovino. Também houve investimentos na construção de terraços e sistemas de irrigação. A Etiópia foi a única parte da África subsaariana a desenvolver uma civilização agrária avançada. Por volta de 2000-1500 a.C., o painço e o sorgo foram domesticados nas proximidades do lago Chade. Os agricultores também criavam carneiros, mas não praticavam a lavoura mista aos moldes etíopes. Mesmo hoje, o sorgo e o painço são plantados em sistema de rodízio, usando enxadas em vez de arados e bois. Por fim, o inhame e o óleo de palma constituíam a base agrícola na região tropical úmida e equatorial. O inhame foi domesticado na Nigéria, onde prospera ainda hoje. Não havia pecuária, visto que equinos, bovinos e ovinos morriam da doença do sono transmitida pela mosca tse-tsé, nativa da floresta tropical.

O sistema agrícola da África Ocidental era receptivo a novas oportunidades, quando surgiam. Entre os séculos I e VIII, foram introduzidas novas culturas trazidas da Ásia, entre elas a banana, a banana-da-terra, o inhame asiático, o taro e o feijão. Esse leque foi significativamente ampliado outra vez no século XVI, com a introdução do milho, da mandioca, do amendoim e do tabaco das Américas. Logo passaram a ser culturas "tradicionais", mostrando como é vazio o conceito de "tradição imutável" como explicação da pobreza africana.

A domesticação de espécies vegetais resultou em aldeias agrícolas sedentárias e no aumento do índice de natalidade na África, como aconteceu em todas as outras partes do mundo. Nos planaltos etíopes, onde não existiam doenças tropicais, a população cresceu rapidamente. Com a escassez de terras resultante, o estado e a aristocracia podiam se sustentar arrendando ou taxando o uso da terra. Houve a privatização da propriedade coletiva e surgiu a classe dos lavradores sem terra, que perderam o direito de plantar onde quisessem. No século VIII a.C., foi criado o Reino de D'mt no norte da Etiópia e na Eritreia. Sua agricultura era baseada no arado e na irrigação, conhecia-se o ferro e havia língua escrita. Ao Reino de D'mt sucedeu-se o Reino de Aksum, ainda maior.

O crescimento populacional na África Ocidental ficou mais restrito por causa das doenças tropicais, que mantinham um nível alto de mortalidade. A forma mais letal da malária e seu respectivo agente transmissor (os mosquitos *Plasmodium falciparum* e *Anopheles gambiae*) apareceram mais ou menos na mesma época em que os plantadores de inhame começaram a abrir clareiras na floresta tropical. Essas clareiras provavelmente contribuíram para a evolução da doença. Outras doenças tropicais, como a doença do sono, também desempenharam seu papel.

A África Ocidental continuou a ser uma região agrícola com terras abundantes, e o uso rotacional da terra parecia a resposta adequada a essas circunstâncias. Um exemplo é o grupo conhecido como *yakö*. Viviam nas

Tabela 5. Renda yakö, anos 1930

Painel A: Produção e consumo de alimentos		
A família consiste num homem, duas mulheres e 3-4 filhos (um total equivalente a 4,75 adultos)		
A família cultiva 1,4 acre de inhame, intercalado com abóbora e quiabo. O óleo e o vinho de palma são extraídos de dendezeiros em estado silvestre.		
Consumo de alimento por equivalente adulto		
	Kg/ano	kcal/dia	proteína/dia (gramas)
inhame	489,2	1582	20,5
feijão-fradinho	12,4	114	8,0
carne	4,4	30	2,4
abóbora	9,6	7	0,2
quiabo	9,6	8	0,5
óleo de palma	2,1	50	0
vinho de palma	174,7	150	1,0
total		1941	32,6
O cultivo do inhame leva 307 dias.		
Os produtos de dendê exigem 93 dias.		
A carne é comprada.		
Painel B: Produtos de dendê produzidos para venda		
óleo	12 latões de 36 libras	
coquinhos	747 libras	
vinho de palma	93 garrafas de 2,2 litros	
Os produtos de dendê para venda exigem 155 dias de trabalho.		

florestas tropicais do leste da Nigéria e o alimento de sustento era o inhame. Nos anos 1930, a aldeia yakö de Umor reivindicou 40 milhas quadradas (103,6 km^2) para cultivo. Mas plantavam-se apenas cerca de 3 milhas quadradas (7,8 km^2) por ano. Depois da colheita, a terra ficava em repouso por seis anos, voltando a criar matos e arbustos, e limpava-se uma nova área para plantio. Trabalhando com pousio, apenas 21 (54,4 km^2) das 40 milhas quadradas ficavam em uso. A área restante ficava disponível para os filhos ou qualquer pessoa que precisasse de terra. Assim, não havia uma classe de lavradores sem terra na aldeia, e tampouco demanda para comprar ou arrendar alguma área, visto que qualquer um podia limpar um terreno sem deixar alguém despossuído.

O cultivo do inhame e a extração do óleo e do vinho dos dendezeiros não exigiam muito trabalho e forneciam alimento suficiente para a subsistência. A Tabela 5, Painel A, mostra uma reconstituição da produção alimentar de uma família yakö típica em Umor. A família era composta por um homem, duas esposas e quatro ou cinco filhos. A cada ano, plantavam 1,4 acre de inhame e um pouco de cará, com feijão-fradinho, abóbora, quiabo e outros vegetais intercalados. A dieta era maciçamente vegetal – caçava-se um pouco nas áreas de cerrado e comprava-se um pouco de carne para temperar o inhame. Além disso, a família consumia óleo de palma e meio galão (c. 2,25 litros) de vinho de palma por dia. Essa dieta correspondia a 1.941 calorias por dia por equivalente a um homem adulto, no nível mínimo de subsistência. O plantio da horta e os produtos de dendê ocupavam 400 dias por ano para os três adultos. O padrão de consumo dos africanos provavelmente era o mesmo antes da chegada dos europeus.

A baixa densidade demográfica e os altos custos de transporte limitavam as possibilidades de se desenvolver uma manufatura especializada para grandes mercados.

Havia um setor de ferro, que se criou na África Ocidental por volta de 1200 a.C., mas a produção total era pequena. O algodão era plantado na savana e tecido em teares manuais. Essa manufatura se concentrava na região de Kano, mas, como o ferro, a produção era pequena. Em vez de comprar os produtos prontos, a maioria das pessoas fazia seus próprios implementos e roupas de fibras vegetais. Por conseguinte, a gama de bens de consumo disponíveis era limitada. A população plantava alimentos suficientes para atender às próprias necessidades, e não mais, visto que não havia o que comprar com o excedente. O cultivo ocupava apenas uma parte do ano e, no restante, as pessoas gozavam o tempo livre.

Dois estilos de política condiziam com esse sistema produtivo. O primeiro era o bando ou a tribo – uma confederação dos agricultores numa área. Podia organizar a alocação de terra e dirimir disputas sobre seu uso, e os homens formavam uma milícia que defendia o território de outros grupos. Os líderes eram chamados de "chefes" e mantinham o cargo usando a persuasão. Esse sistema político era relativamente igualitário.

A agricultura por rotação e pousio tinha uma característica que deu origem à organização social hierárquica: era a grande quantidade de tempo livre de que gozavam os agricultores. Se fossem obrigados a trabalhar mais, cultivariam um volume de alimentos que ultrapassaria suas necessidades de subsistência, e esse excedente poderia sustentar o ócio completo de alguns outros ou, no nível político, de uma instituição militar. A dupla atração de ócio e poder tornava a escravidão irresistível. A dificuldade era que uma paisagem desabitada oferecia aos escravos muitas oportunidades de fugir e plantar o próprio sustento. O Congo francês apresenta vários exemplos no século XX: os aldeões que fugiram para o mato, onde moravam anos vivendo de extrativismo e coleta, para escapar ao recrutamento militar ou ao trabalho forçado nos seringais. Os chefes africanos acabaram com essa opção capturando escravos em outras regiões, os quais não conheciam a língua local nem sabiam sobreviver na ecologia da região. Naturalmente, seus filhos vinham a aprender a língua e a conhecer o ecossistema, de modo que muitas vezes a escravidão durava apenas uma geração e os filhos dos escravos passavam a fazer parte integrante da tribo. A escravidão era comum na África antes da chegada dos europeus e foi a base de muitos estados.

Embora a África tivesse estados, eles eram diferentes dos estados nas economias agrárias avançadas. Os estados agrários podiam se sustentar arrecadando impostos fundiários ou arrendando terras do estado. Isso não era possível na África, visto que havia tal abundância de terras que elas não valiam nada. Em decorrência disso, os estados africanos não dispunham das instituições jurídicas e culturais que as sociedades agrárias avançadas utilizavam para organizar a propriedade privada, tais como a agrimensura, a aritmética, a geometria e a escrita. As exceções que confirmam a regra eram os impérios africanos ocidentais da savana, como o Gana, o Mali e o Songhai. As terras agrícolas eram comunitárias, e a escravidão era generalizada. A receita do estado, porém, provinha basicamente das taxas sobre o comércio transaariano e a extração de ouro (não sobre a agricultura). Esses impérios adotaram o islamismo, que contribuiu com a escrita e as leis sobre a propriedade para resolver os problemas administrativos do estado.

O tráfico escravo

A chegada dos europeus levou a profundas transformações nas sociedades que praticavam uma agricultura de rotação e pousio, pois os europeus introduziram uma gama de bens muito maior do que possuíam os nativos. Não levou muito tempo para que os africanos, polinésios ou americanos aborígines percebessem que o algodão resultava em roupas melhores do que fibras ou cascas de árvores e que as armas de fogo eram mais letais do que as lanças. Em 1895, Mary Kingsley percorreu o Gabão e escreveu que os africanos, na maioria:

> jovens e velhos, homens e mulheres, consideram o comércio como a grande atividade da vida, dedicam-se a ele tão logo começam a andar e não o abandonam nem na hora da morte, segundo o que eles mesmos contam como os espíritos de comerciantes famosos se intrometem e interferem em questões de mercado.

A África não era única neste aspecto. Antes da chegada dos franceses, os hurons do Canadá cozinhavam num toco de árvore escavado, cheio de água que fervia com o uso de pedras quentes. Os nativos ficaram tão impressionados com os caldeirões dos comerciantes de pele franceses que achavam que o homem que fazia os maiores caldeirões devia ser o rei da França. Para comprar os caldeirões, machados e tecidos europeus, os nativos precisavam de alguma coisa para vender em troca; quando descobriram seu produto primário, aumentaram o tempo de trabalho por ano para produzi-lo para exportação. Na América do Norte, esse produto eram as peles. Por volta de 1680, um micmac brincou com um franciscano francês:

> Na verdade, meu irmão, o castor faz tudo à perfeição. Faz para nós caldeirões, machados, espadas, facas, e nos dá bebida e comida sem precisar lavrar o solo.

A África Ocidental exportava ouro para o mundo árabe e mediterrâneo, mas no século XVI apareceu um produto de exportação muito mais importante: o escravo. A economia açucareira das Américas gerou uma grande demanda de mão de obra, e a maneira mais barata de atender a ela era comprando trabalhadores. Em 1526, Alfonso I, o rei africano do Congo que tentou converter seu povo ao cristianismo, reclamou ao rei português João III que "muitos de nossos súditos desejam sofregamente as mercadorias portuguesas que vossos súditos trazem a nossos domínios. Para satisfazer esse desejo desenfreado, eles capturam muitos de nossos súditos negros livres... [e] os vendem" a comerciantes de escravos na costa. No século XVII, reinos como o do Daomé e dos ashantis, que desde longa data se baseavam na escravidão, responderam à demanda externa por escravos recorrendo à guerra e a ataques de surpresa. Os prisioneiros eram levados até a costa, onde eram vendidos a navios europeus. Os reis africanos usavam a receita proveniente dessas vendas para comprar armas de fogo (que aumentavam o poderio deles e ajudavam na captura de escravos), tecidos e álcool. Entre 1500 e 1850, foram transportados de 10 a 12 milhões de escravos para o Novo Mundo. Outros milhões mais foram capturados no Saara ou junto ao Mar Vermelho e Oceano Índico para ser vendidos na Ásia.

Comércio legítimo

No século XVIII, a opinião pública religiosa e/ou iluminista se virou contra a escravidão, e o tráfico foi abolido no Império Britânico em 1807. Os escravos foram substituídos por outros itens de exportação – o chamado "comércio legítimo". O primeiro novo produto foi o óleo de palma ou azeite de dendê, que tinha demanda como lubrificante para máquinas e equipamentos ferroviários, além de ser usado como matéria-prima para fabricar sabão e velas. Em 1842, Francis Swanzy, um magistrado inglês na Costa do Ouro, depôs perante um comitê parlamentar britânico que os novos produtos de exportação aumentavam o empenho dos africanos no trabalho por lhes darem a oportunidade de comprar bens de consumo:

> As necessidades do povo crescem diariamente. Se entrarmos na casa de um nativo, encontraremos mobílias europeias e instrumentos agrícolas europeus; usam mais roupas; de fato a situação deles tem melhorado muito, suas necessidades aumentam e não podem atender a essas necessidades se ficarem ociosos ao sol, sem fazer nada; precisam trabalhar.

Os tecidos de algodão respondiam por mais da metade das exportações britânicas para a Europa Ocidental, e grande parte do restante eram metais e produtos de metal, entre eles armas de fogo. Quando o Comitê lhe perguntou como podiam comprar produtos britânicos, Swanzy respondeu:

> Vão para o mato e cavam ouro; muitos extraem óleo de palma. Vinte anos atrás não se exportava quase nada; agora exporta-se muito; também exportam amendoins.

O óleo era transportado até a costa pelas mesmas rotas comerciais previamente usadas para o transporte dos escravos. A Nigéria era o maior exportador, mas a produção se difundiu por toda a África Ocidental. As possibilidades comerciais se ampliaram ainda mais na metade do século XIX, quando se descobriu que o caroço do coquinho dava um bom óleo para a margarina. O óleo de palma poderia ser produzido em plantações, mas continuou como uma atividade individual de extração dos dendezeiros silvestres. Na Nigéria, por exemplo, nas décadas iniciais do século XX, houve atividade extrativa em 2,4 milhões de hectares de dendezais nativos, contra 72 mil hectares de plantações do estado e 97 mil hectares de plantações de pequenos agricultores. A família yakö típica, tratada anteriormente, trabalhou um adicional de 155 dias por ano para produzir 12 latões de quatro galões cada (cada um pesando 36 libras) de azeite de dendê, mais de 700 libras de polpa de dendê e 93 garrafas de 2,2 litros de vinho de palma, vendidas no comércio local. Suas principais compras eram tecidos e roupas, mas também adquiriam cutelaria, utensílios domésticos, cosméticos, ornamentos (todos importados) e carne.

Como a razão pela qual os africanos produziam óleo de palma era ter meios para comprar artigos europeus, o incentivo dependia da quantidade de tecidos que poderiam adquirir para cada lata de óleo que vendessem. A

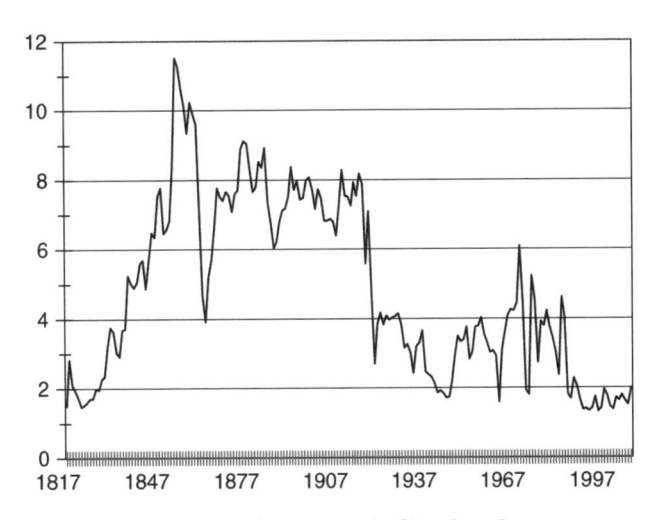

Figura 17. Relação entre o preço do óleo de palma e o preço do tecido de algodão

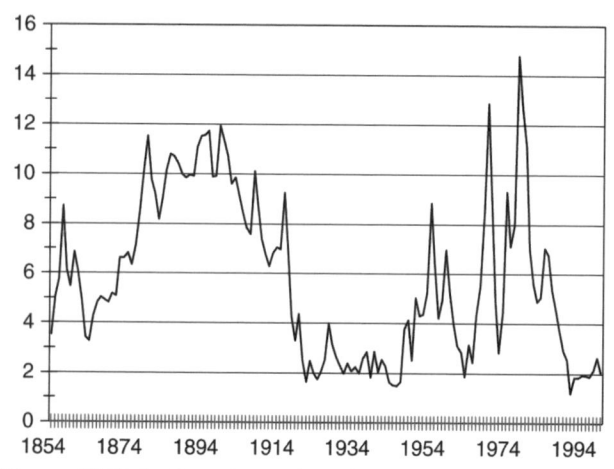

Figura 18. Relação entre o preço do cacau e o preço do tecido de algodão

Figura 17 mostra o preço do óleo de palma em relação ao tecido de algodão nos portos da África Ocidental de 1817 até o presente. No caso do óleo de palma, houve uma alta brusca no preço do óleo em relação ao tecido entre 1817 e a metade do século XIX. Durante esse período, os africanos puderam comprar uma quantidade cada vez maior de tecido em relação ao óleo produzido, o que os levou a aumentar a produção. As importações britânicas aumentaram de poucas toneladas por ano em 1800 para 25 mil na metade do século XIX, chegando a quase 100 mil toneladas na época da Primeira Guerra Mundial.

Os produtos de dendê não eram os únicos itens de exportação da África Ocidental. Outro de grande importância era o cacau. O fruto era nativo das Américas e foi introduzido na África no século XIX. Na Grã-Bretanha, o preço do cacau duplicou em relação ao preço do tecido de algodão entre os anos 1840 e os anos 1880 (Figura 18), e esse aumento incentivou os africanos (não os europeus!)

a iniciar a produção, que começou em grande escala em Gana na década de 1890. Como o cacau não era nativo, foi preciso derrubar áreas de florestas e plantar os cacaueiros. Era algo que ia contra os sistemas de propriedade coletiva, que permitiam que qualquer pessoa da tribo ocupasse terras vazias. Os africanos modificaram seu sistema de propriedade para facilitar o plantio do cacau. Uma solução foi separar a propriedade dos cacaueiros e a propriedade da terra, para que o plantador de cacau pudesse assegurar o retorno de seu investimento sem ser afetado por quem estivesse plantando inhame ou mandioca nas áreas em volta.

Os krobos adotaram uma solução mais radical. Em grupo, compraram coletivamente terras de outras tribos e as dividiram entre eles, em posse individual. Depois de implantar cacaueiros nos lotes, repetiam o processo, avançando para o oeste de Gana, até chegarem à Costa do Marfim. Em decorrência disso, muitos krobos têm terrenos espalhados por esses países. Algumas áreas eles cultivam, outras arrendam. A migração e formação de um novo sítio exigiam alto nível de investimento, que era financiado pela poupança obtida com os cacaueiros já em produção. Os krobos parecem a ética protestante de Weber em ação.

Colonialismo

O colonialismo europeu começou com os portugueses, que, nos séculos XVI e XVII, estabeleceram colônias nas áreas atualmente correspondentes a Guiné-Bissau, Angola e Moçambique. As outras principais potências europeias ergueram fortes na costa da África Ocidental para facilitar o comércio de escravos, e os holandeses criaram sua colônia no Cabo da Boa Esperança em 1652. O colonialismo europeu se intensificou mais no século XIX, mas foi apenas no final do século que o continente foi dividido entre as potências imperiais.

Adquiriam-se colônias por razões não só estratégicas, mas também econômicas. A esperança era que fornecessem produtos tropicais à potência imperial e fossem um mercado para suas manufaturas, além de serem um bom investimento para sua burguesia e área de colonização para seus cidadãos. Além disso, os impérios eram vistos como missões civilizatórias que difundiriam o cristianismo e elevariam a cultura nativa aos padrões europeus. Esperava-se que tais objetivos fossem atingidos sem qualquer custo para a potência imperial, pois se presumia que os governos coloniais financiassem suas despesas com suas próprias receitas.

O colonialismo se demonstrou ainda mais prejudicial ao desenvolvimento econômico na África do que em outros lugares do mundo. O colonialismo africano criou instituições muito danosas. As primeiras colônias africanas, como suas predecessoras na América do Norte, eram organizadas através do "governo direto", em que o governo colonial aplicava a legislação metropolitana em todo o território, tanto a colonos quanto a nativos, embora estes muitas vezes não fossem legalmente emancipados. No final do século XIX, porém, o governo direto foi substituído pelo "governo indireto". O objetivo era tornar a ocupação estrangeira mais aceitável entre a população indígena, reconhecendo todas as distinções étnicas e oferecendo poder e riqueza a chefes submissos em troca do apoio aos estrangeiros. Neste sistema, o estado colonial aplica a lei da metrópole aos colonos e nas cidades. O controle dos nativos na zona rural foi devolvido aos "chefes" que aplicavam os "costumes" de suas "tribos". Essas palavras estão entre aspas para ressaltar que eram conceitos jurídicos do estado colonial, sem ter necessariamente muita ligação com a realidade pré-colonial. Todas as entidades políticas africanas, desde os reinos como o ashanti até o clã menos estruturado, eram concebidas como entidades equivalentes com costumes homogêneos, embora as entidades complexas incluíssem povos conquistados e de costumes diversos. Instituíram-se chefes em lugares como o norte de Gana e o leste da Nigéria, onde nunca tinham governado antes. Muitas das entidades políticas haviam sido fluidas no passado, e o direito do povo em abandonar regimes opressores funcionava como um controle a dirigentes tirânicos. Esse direito foi eliminado quando as pessoas foram distribuídas entre tribos que não poderiam mais abandonar. O costume foi redefinido para se adequar a finalidades coloniais. Costumes "bárbaros" como a escravidão foram suprimidos (embora, na prática, ela tenha continuado), enquanto outros costumes considerados úteis foram mantidos, como o direito do chefe em exigir trabalho gratuito. Dessa maneira, o trabalho forçado se tornou uma característica normal da vida colonial. De modo geral, a propriedade coletiva da terra se tornou um costume, e assim as pessoas só podiam adquirir alguma área se fizessem parte da tribo – e a critério do chefe, a quem eram subservientes. Quando possível, usavam-se processos tradicionais para escolher os chefes, mas, em última análise, eles eram nomeados pela potência ocupante. Recebiam mais autoridade do que tinham os governantes antes do colonialismo. Esses chefes de novo perfil se tornaram os capatazes do império, arrecadando impostos, obrigando ao trabalho forçado, usando seus poderes para acumular fortunas pessoais. O colonialismo criou um sistema de pequenos déspotas com privilégios rentistas governando a área rural.

As políticas adotadas nas colônias africanas eram pelo menos tão prejudiciais ao crescimento quanto as seguidas na Índia e outros lugares. Os governos coloniais adotaram apenas um elemento do modelo padrão de desenvolvimento do século XIX: a melhoria nos transportes. Na época da Primeira Guerra Mundial, havia 35 mil quilômetros de ferrovias na África subsaariana. Foram financiadas por investimentos privados (muitas vezes com garantias públicas), com o objetivo de facilitar a exportação de produtos primários ao ligar o interior aos portos. As tarifas de importação não eram usadas para promover a manufatura local, mas eram mantidas em níveis baixos exclusivamente para finalidades de receita. As economias coloniais, portanto, estavam totalmente integradas no mercado mundial. Com a queda dos custos do frete marítimo e do transporte terrestre, os preços das manufaturas europeias diminuíram na África e os preços dos produtos primários aumentaram. As economias reagiram de acordo. A produção e exportação de produtos como óleo de palma e amendoim dispararam; inversamente, a produção de têxteis de algodão em Kano diminuiu. A globalização significava que a economia da África se tornou especializada na produção de produtos primários.

Os governos coloniais não tentaram educar a população africana. A tarefa ficou a cargo das missões cristãs, das madrassas muçulmanas e de outras iniciativas independentes. Houve algum progresso, especialmente entre grupos como os krobos, cujas atividades comerciais lhes davam um incentivo para a escolaridade e cujo êxito lhes proporcionava a renda para pagar o ensino. Os índices de alfabetização continuaram muito baixos após a independência. Os governos coloniais também não tiveram empenho em criar bancos locais para financiar investimentos. Algumas colônias de fato promoveram investimentos estrangeiros, mas em detrimento dos africanos, pois aos estrangeiros concedia-se a propriedade dos recursos do continente. Sob este aspecto, havia grandes diferenças de colônia para colônia.

Num dos extremos estavam as colônias britânicas na África Ocidental. Foi onde nasceu o governo indireto, e o ilustram à perfeição. A maior parte do país ficava sob o controle dos chefes. Desencorajava-se que os europeus adquirissem terras: em 1907, por exemplo, negou-se a William Lever a concessão de grandes áreas para plantações de palmeiras para óleo de palma na Nigéria.

As colônias alemãs, belgas e francesas na África Ocidental adotaram políticas da terra e do trabalho que eram menos favoráveis aos interesses nativos. Os governos coloniais expropriaram terras e as deram a investidores europeus para o desenvolvimento de plantações e mineração. Os belgas permitiram que a Unilever montasse plantações para óleo de palma no Congo, por exemplo. Havia recrutamento forçado dos africanos para trabalhar nas plantações e construir ferrovias.

No polo oposto às colônias britânicas na África Ocidental estavam as colônias de povoamento. A África do Sul é o exemplo mais rematado, mas foi semelhante a história da expropriação de terras no Zimbábue e nos planaltos do Quênia.

A colônia da Cidade do Cabo tinha cerca de 25 mil colonos holandeses, alemães e huguenotes quando foi tomada pelos britânicos em 1806. A população europeia atingiu 100 mil habitantes em 1850 e deu um salto para 1 milhão em 1900, após a descoberta de diamantes em 1866 e de ouro em 1886. A população africana subiu provavelmente de 1,5 milhão para 3,5 milhões entre 1800 e 1900. Depois de 1835, os bôeres da colônia do Cabo avançaram até o Transvaal, tomando aos africanos enormes extensões de terra. Os bôeres criaram o Estado Livre de Orange e a República Sul-Africana, que foram incorporados à África do Sul depois de serem derrotados pelos britânicos na guerra de 1899-1902. Os britânicos não se mostraram mais simpáticos do que os bôeres em relação aos direitos fundiários africanos. O confisco de terras culminou com a Lei da Terra dos Nativos, de 1913, que proibia que os africanos comprassem ou arrendassem terras fora das reservas nativas. Estas correspondiam a 7% do território da África do Sul, muito embora os africanos correspondessem a dois terços da população.

Em outras colônias de povoamento também prevaleceram distribuições semelhantes, embora não tão extremas. No Zimbábue, por exemplo, quando teve início o Programa de Reforma Fundiária Acelerada, em 2000, 4.500 agricultores brancos possuíam 11,2 milhões de hectares das melhores terras do país, enquanto 1 milhão de famílias africanas viviam em 16,4 milhões de hectares de terras comunais de qualidade inferior. Nessas circunstâncias, a lei dos bens imóveis é um sistema que protege o privilégio, ao invés de encorajar todos a promoverem seus interesses com trocas mutuamente vantajosas.

Tirar a terra aos nativos era uma política não só para adquiri-la, mas também para assegurar o trabalho deles. O reverendo J. E. Casalis observou, nos anos 1860, que o objetivo dos confiscos de terra era:

> obrigar os nativos... a viver dentro de limites tão estreitos que fica impossível subsistir com o produto da agricultura e da pecuária, e forçá-los a oferecer seus serviços aos agricultores como empregados domésticos e lavradores.

Tal objetivo se ampliou com os sistemas do *apartheid* para controle da mão de obra, que tratavam os africanos como se residissem nas reservas e fossem meros trabalhadores hóspedes no país em geral.

A pobreza contemporânea em perspectiva histórica

No começo do século XIX, a África Ocidental embarcou numa trajetória que tinha muitos elementos em comum com as colônias da América do Norte: a economia era voltada para a exportação, os africanos empurraram suas fronteiras na floresta tropical em resposta aos altos preços nos mercados globais e a renda era investida nos negócios. Mas todo esse empreendedorismo e progresso não conseguiram desencadear um crescimento econômico moderno. Por que não?

Há explicações imediatas e causas mais profundas. A explicação imediata se encontra nas Figuras 17 e 18. Elas mostram que os preços reais do óleo de palma e do cacau seguem uma tendência de baixa desde o começo do século XX. Ambos caíram durante a Primeira Guerra Mundial e atingiram preços extremamente baixos nos anos 1930 e na Segunda Guerra Mundial. O preço do óleo de palma (em relação ao dos tecidos) nunca recuperou seu valor anterior à Primeira Guerra Mundial, e hoje é mais baixo do que nos anos 1930. Os países produtores de cacau se deram

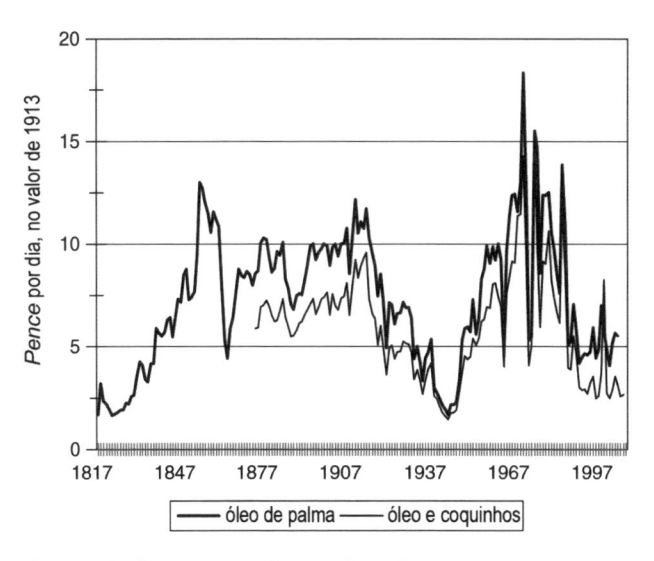

Figura 19. Ganhos por dia com óleo de palma

melhor – mas não os plantadores. Os preços do mercado mundial tiveram uma tendência irregular de alta após a Segunda Guerra e atingiram picos mais altos do que os dos anos 1890. No entanto, nos principais países exportadores de cacau, como Gana, os aumentos na receita foram canalizados para o estado e não para os agricultores, pois estes eram obrigados a vender o cacau a uma agência estatal que revendia o produto no mercado internacional. Na aparência, a compra centralizada pelo governo protegia os agricultores contra as flutuações no mercado mundial, pagando preços fixos, mas na verdade as agências atuavam como fornecedoras e retinham o excedente cada vez maior que obtinham com as exportações. Mantendo os preços baixos, as agências de abastecimento estatais, além de manter a população rural em condições de pobreza, reduziam o incentivo ao aumento da produção.

A história dos preços se traduz diretamente na renda real dos agricultores. A Figura 19 mostra os ganhos reais diários de uma hipotética família yakö coletando

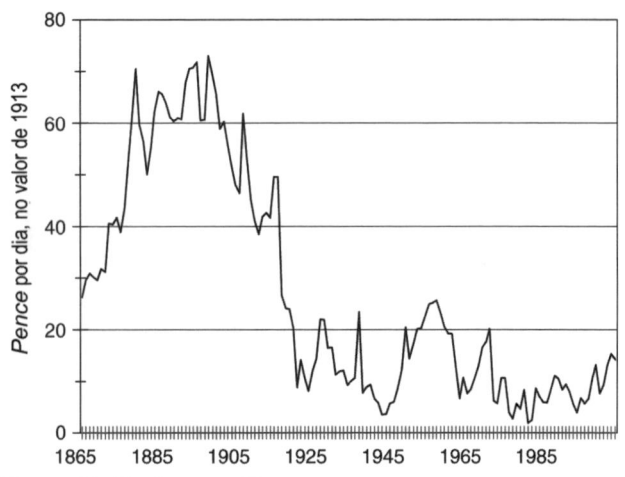

Figura 20. Ganhos por dia com cacau

coquinhos e óleo de palma. A figura foi montada tomando como suposição que a eficiência familiar não mudou ao longo do período – o real estado das coisas. Os ganhos com o óleo de palma seguiram a mesma montanha-russa dos preços. Desde 1980, as rendas reais dos produtores de dendê foram tão baixas quanto as dos anos 1930. Os produtores de cacau tiveram uma queda semelhante no longo prazo, mas perderam o aumento de renda dos anos 1960 e 1970, visto que a agência estatal de cacau não repassou os altos preços do mercado mundial para os agricultores (Figura 20).

Hoje, os produtores de cacau ganham cerca de 10 *pence* por dia com o poder aquisitivo de 1913. Esta era a diária de um lavrador naquela época. Os produtores de óleo de palma ganham a metade. A situação é igual em todas as exportações agrícolas da África. Como a agricultura emprega cerca de 60% da população, os ganhos nesse setor determinam os ganhos em toda a economia. Os africanos são pobres porque a agricultura do continente gera um padrão de vida da época da Primeira Guerra Mundial.

Há duas razões pelas quais a agricultura africana não tem um desempenho melhor. A primeira é a queda no preço de exportações agrícolas. E para isso há três razões. A primeira é a invenção e o barateamento de sucedâneos. O advento da indústria do petróleo na segunda metade do século XIX resultou em lubrificantes melhores e mais baratos do que o óleo de palma. A parafina, outro produto do petróleo, substituiu a estearina derivada do óleo de palma na fabricação de velas; ademais, evidentemente, as próprias velas foram superadas pelas lamparinas e lampiões de querosene e, depois, pela luz elétrica. A segunda é a concorrência com os produtores asiáticos. Os dendezeiros passaram a ser cultivados em grandes plantações em Sumatra e Malaia no começo do século XX, e cresciam melhor do que na África Ocidental. Desde a

Segunda Guerra Mundial, as exportações da Indonésia e da Malásia têm dominado os mercados mundiais e forçaram a queda dos preços recebidos pelos africanos. A terceira razão dos preços baixos é a expansão da produção na própria África. Esse fator é de especial importância para o cacau, visto que a maior parte da produção ainda é africana e não existem bons sucedâneos para o cacau na fabricação do chocolate. O plantio do cacau se expandiu para o oeste, indo de Gana para a Costa do Marfim. A força de trabalho foi atraída entre as regiões empobrecidas de toda a África Ocidental. A produção aumentou e os preços caíram. Dessa perspectiva, a pobreza africana é um círculo vicioso no qual os salários baixos mantêm os preços de exportação em níveis baixos, e esses preços baixos mantêm os salários baixos.

A segunda razão pela qual o cacau e o óleo de palma não geram rendas mais altas é a produtividade baixa e estagnada. A questão, em parte, é biológica. Os alemães e os belgas realizaram pesquisas de base sobre o dendezeiro, mas, ironicamente, os benefícios reverteram para o Sudoeste da Ásia em detrimento da África. Em comparação a outros continentes, existem pouquíssimas pesquisas para melhorar os plantios africanos.

A mecanização é outra fonte de aumento da produtividade. O maior dispêndio de trabalho na produção do óleo de palma se dá no processamento do fruto após colhido. O método tradicional consiste em empilhar, deixar fermentar, ferver, triturar, pisar, pôr de molho, escumar a superfície e prensar. Usam-se pilões para triturar, pés para pisar e assim por diante. Houve grandes avanços na mecanização do beneficiamento dos frutos cultivados em plantações, mas no setor rural o progresso tem sido quase nulo. Máquinas simples para prensar os coquinhos e extrair o óleo reduzem consideravelmente a necessidade de mão de obra, mas demandam mais capital. Elas não são rentáveis em pequenas propriedades da África Ocidental, devido ao baixo índice salarial. Este é um exemplo da armadilha da tecnologia que mencionamos no Capítulo 4: os salários baixos significam que não é rentável adotar a tecnologia mecanizada necessária para elevar os salários. De todo modo, não faz muito sentido liberar a mão de obra empregada no processamento do óleo de palma, visto que a população não agrícola já ultrapassa a quantidade de empregos fora da agricultura.

Esse desequilíbrio no mercado de trabalho reflete desenvolvimentos ocorridos nos últimos cinquenta anos. Um deles é o crescimento da população, que quintuplicou desde 1950. É impossível uma explicação definitiva, em vista dos dados limitados sobre a África, mas a experiência de outras regiões tropicais sugere que a causa imediata foi a queda nas taxas de mortalidade, especialmente a infantil e a dos idosos. Muito provavelmente, é resultado de melhorias na saúde pública e da difusão de práticas médicas modernas.

O outro desenvolvimento foi a incapacidade da África em se industrializar nesse período. Há explicações econômicas para o fato, bem como explicações institucionais mais abrangentes. Todas são plausíveis em termos da geografia e da história da África.

Existem três explicações econômicas para a ausência de indústrias. A primeira é a vantagem comparativa. A América do Norte exportava trigo para a Europa porque a triticultura faz um uso intensivo da terra e os Estados Unidos tinham abundância de terras em relação à população. A África tem uma densidade demográfica ainda mais baixa do que a da América do Norte, de forma que sua vantagem comparativa consiste em mercadorias que fazem uso intensivo da terra e dos recursos locais. Essas mercadorias são os produtos primários que ela exporta. Nos Estados Unidos, a contraparte da abundância de terras eram os salários altos, o que poderia tirar a competitividade da manufatura interna diante das importações no século XIX, se não houvesse tarifas. A situação na África, porém, é diferente, pois os salários são baixos, mas mesmo assim as empresas manufatureiras não consideram rentável se instalar na região. A provável razão é que os custos seriam altos, visto que a produção seria ineficiente. Uma razão da baixa produtividade pode ser a falta de escolaridade dos trabalhadores, mas o ensino tem se expandido rapidamente nas últimas décadas, de modo que qualquer déficit nessa área deixou de existir entre os trabalhadores jovens – sem nenhum benefício visível.

Outra razão para a baixa produtividade é a ausência de outras empresas complementares. Nos países ricos, a produção ocorre em redes urbanas onde as empresas se sustentam mutuamente fornecendo produtos e serviços especializados. Essas "economias de escala externas" elevam a produtividade e permitem que as empresas paguem salários altos e, ao mesmo tempo, continuem competitivas. A África está presa num círculo vicioso – nunca se estabelecerá uma rede de empresas, visto que nenhuma empresa considera rentável abrir um negócio na ausência dessa rede! No século XIX, podem ter existido os primórdios dessas redes na África, com suas fundições espalhadas, a indústria têxtil em Kano e assim por diante, mas a globalização, apoiando-se no colonialismo, acabou com elas.

Um último argumento econômico é tecnológico e aplica a análise da mecanização agrícola ao setor industrial: os salários na África são baixos demais para que seja rentável utilizar a tecnologia de grande capital intensivo da indústria moderna. A África está presa em mais uma armadilha: a indústria mecanizada é a solução para os salários baixos, mas, por causa dos salários baixos, a mecanização não é rentável!

As explicações mais correntes para a pobreza africana, porém, são institucionais e não econômicas: um aspecto das "más instituições" é a guerra endêmica, que certamente é ruim para os negócios. A própria pobreza é uma das causas da guerra, visto que é baratíssimo recrutar soldados. Os salários baixos causam a guerra, a qual, por sua vez, tolhe a economia, levando a salários baixos – outra armadilha da pobreza. Além disso, os atores e as questões em muitas guerras bastante conhecidas foram criações do governo colonial indireto. A Bélgica controlava Ruanda convertendo a diferença entre tutsis e hutus numa divisão racial imaginária. Os tutsis eram concebidos como invasores estrangeiros, que eram superiores por descenderem do personagem bíblico Ham, enquanto os hutus eram considerados indígenas e inferiores. A administração colonial foi pródiga em oferecer ensino e várias oportunidades aos tutsis, para que pudessem governar os hutus. Mas, finalmente, a maioria hutu tomou controle do estado na revolução de 1959. Quando um exército tutsi invadiu o país em 1990 e derrotou o exército ruandense majoritariamente hutu, os tutsis ameaçaram os ganhos obtidos pelos hutus desde 1959 e assim o palco estava montado para o genocídio.

Outro aspecto das "más instituições" é a corrupção, bem como o caráter não democrático de muitos estados. Essas deficiências também são herança das estruturas coloniais de governo. Os novos estados africanos independentes herdaram constituições que incluíam distinções raciais e continham as estruturas tribais e administrativas do governo indireto. Os estados têm conseguido eliminar o racismo, mas nem tanto o tribalismo. Na maioria dos países, há sistemas separados de administração das áreas urbanas e rurais. As primeiras têm sistemas jurídicos modernos e as segundas estão divididas nas áreas "tribais" criadas durante o período colonial e são governadas por chefes que mantêm os costumes coloniais, inclusive a posse comunal da terra. Muitas vezes, oculta-se a continuidade da administração colonial adotando-se códigos jurídicos homogêneos que mesclam no mesmo documento dispositivos modernos e dispositivos costumeiros. Assim, grande parte da África rural é governada por uma camada de potentados corruptos não eleitos, que podem extorquir rendas e serviços dos cidadãos e extrair vantagens e privilégios da administração nacional.

O objetivo do desenvolvimento econômico acrescentou outra dimensão ao controle do campesinato. A ideologia dos anos 1960 (tanto a ocidental quanto a comunista) via o desenvolvimento como um processo no qual a economia urbana crescia em detrimento da economia rural. O estado colonial havia utilizado o sistema de governo indireto para governar o campo em favor do poder colonial. Os líderes dos estados independentes ocuparam o lugar do estado colonial e empregaram as mesmas técnicas para beneficiar a cidade em prejuízo do campo. Os chefes foram induzidos a usar seu controle "tradicional" sobre a terra comunal para expropriações em favor de projetos de desenvolvimento; usaram-se ameaças de expulsão para obrigar os camponeses a cooperar com as inovações agrícolas; os habitantes rurais foram coagidos a trabalhar em projetos de infraestrutura e de grandes plantações. Além disso, o estado exerce coerção direta sobre os camponeses; mais especificamente, os agricultores eram forçados a vender suas safras ao governo, para poder vender alimento barato aos trabalhadores urbanos e taxar os produtos de exportação, pagando preços baixos aos camponeses por produtos que eram vendidos nos mercados internacionais a preços altos, como vimos no caso do cacau. Tais políticas trouxeram pouco desenvolvimento industrial, ao mesmo tempo reduzindo os incentivos à agricultura e aumentando a corrupção e o autoritarismo.

Os estados radicais e marxistas-leninistas seguiram um caminho aparentemente diverso, mas com resultados semelhantes. Esses estados aboliram o tribalismo, além do racismo; nas palavras de Samora Machel, o primeiro presidente de Moçambique: "Morra a tribo para que nasça a Nação". Criaram-se governos de partido único como vanguardas do progresso e para eliminar as divisões. Mas foi mais difícil mudar a prática colonialista. Os líderes tribais se tornaram quadros do partido dirigente e continuaram como antes. Em nome do desenvolvimento, os estados reformados adotaram o dirigismo da administração colonial – neles também ressurgiu o trabalho forçado. Para a África, não é fácil escapar à sua história.

Capítulo 8

O MODELO PADRÃO
E A INDUSTRIALIZAÇÃO TARDIA

Em 1850, a Europa e a América do Norte tinham tomado uma grande dianteira em relação ao resto do mundo. O novo problema era como os países pobres poderiam alcançá-las. As colônias pouco podiam fazer, pois suas opções eram limitadas pelo poder imperial. Os estados independentes, porém, podiam aplicar o modelo padrão – ferrovias, tarifas, bancos e escolas – que funcionara para os Estados Unidos e a Europa Ocidental. Mas essa estratégia se mostrou menos e menos fecunda com o passar do tempo.

A Rússia imperial

Por muito tempo, a Rússia foi a região mais atrasada da Europa. Pedro, O Grande (1672-1725) tentou convertê-la numa potência ocidental moderna. Construiu o novo porto de São Petersburgo e fundou muitas fábricas, sobretudo para os setores militares. Mas não alcançou o Ocidente. O grau de atraso da Rússia ficou claro com a derrota do país na Guerra da Crimeia (1853-6), contra a França e a Inglaterra. Era tão premente a modernização que o czar Alexandre II aboliu a servidão. Os reformadores esperavam que isso daria um rápido início ao crescimento econômico, com a criação da mão de obra livre e a propriedade privada, mas não houve pronta resposta.

O governo pós-emancipação adotou o modelo padrão de desenvolvimento com algumas modificações. Primeiro, criou-se um mercado nacional graças a um vasto programa de construção ferroviária. Em 1913, a Rússia dispunha de 71 mil quilômetros de ferrovias ligando o país à economia mundial.

Quando os camponeses vendiam seu cereal em Nikolaiev [em 1903], perguntavam: "Qual é o preço nos Estados Unidos, pelo último telegrama?". E o que é ainda mais surpreendente é que eles sabiam converter centavos por alqueire em copeques por *pood* [c. 16,3 kg].

Segundo, usaram-se tarifas para erguer a indústria nacional. Em 1910, a Rússia refinava 4 milhões de toneladas de gusa por ano. Não estava na primeira divisão com os Estados Unidos, a Alemanha e o Reino Unido, mas era líder da segunda divisão. A Rússia também desenvolveu uma indústria importante de bens de produção. Além disso, o estado fomentou a indústria leve com tarifas altas nos têxteis de algodão e tarifas moderadas no algodão bruto. Como consequência, a cultura algodoeira se expandiu na área que veio a ser o Uzbequistão. No começo do século XX, os cotonifícios russos processavam quase a mesma quantidade de algodão processado na Alemanha.

Terceiro, a maior inovação na política econômica se deu nas finanças. Os bancos privados eram fracos demais para desempenhar o papel que tinham na Bélgica ou na Alemanha. Em vez disso, a Rússia recorreu ao capital estrangeiro. As ferrovias foram financiadas com a venda de títulos no exterior, e o investimento direto estrangeiro se tornou a principal maneira de introduzir a tecnologia avançada no país. Mas as fábricas foram construídas de acordo com as especificações da Europa Ocidental, sem qualquer adaptação às condições econômicas específicas da Rússia, resultando que os custos de produção eram mais altos do que na Europa Ocidental.

Quarto, o ensino se expandiu desde os anos 1860. Mesmo entre trabalhadores braçais, os vencimentos dos letrados eram mais altos do que os dos iletrados, e assim a escolarização atraiu muita gente.

O modelo padrão (com as diferenças anteriormente especificadas) alavancou a indústria pesada na Rússia, cuja participação no PIB passou de 2% em 1885 para 8% em 1913, mas a agricultura continuou como o setor dominante (sua participação diminuiu de 59% para 51%). A produção agrícola dobrou nesse período, quando o preço mundial do trigo aumentou, e a agricultura foi a principal responsável pelo crescimento do PIB. O crescimento econômico do czarismo foi sobretudo uma explosão agrícola, acrescida de certo grau de industrialização induzida pelas tarifas. O crescimento teria provavelmente se interrompido com a despencada do preço mundial do trigo após a Primeira Guerra Mundial. Era necessário outro modelo econômico para alcançar o Ocidente.

Um indicador do impacto restrito do modelo padrão na Rússia é o estado do mercado de trabalho. Apesar do aumento do PIB, a demanda de mão de obra não cresceu o suficiente para o pleno emprego da população, e assim os salários se mantiveram no mínimo de subsistência, enquanto a renda extra criada pelo crescimento seguiu como lucro para os donos das indústrias e como renda fundiária para os donos da terra. Estes se tornaram os pontos sensíveis do conflito social. O desenvolvimento desigual levou a uma revolta em 1905 e, mais explosivamente, a uma revolução em 1917. A incapacidade do modelo padrão em transformar a Rússia levou à sua própria destruição.

Japão

O Japão é um caso especialmente interessante, pois foi o primeiro país asiático a se emparelhar com o Ocidente. A história japonesa se divide em quatro períodos: Tokugawa (1603-1868), quando o país era governado por xoguns Tokugawa; Meiji (1868-1905), quando o poder voltou ao imperador Meiji e teve início a modernização econômica; imperial (1905-1940), quando foi criada a indústria pesada no país; e, finalmente, a Era do Crescimento Acelerado (1950-1990), quando o Japão alcançou os países ricos do Ocidente.

As raízes do sucesso japonês se encontram no período Tokugawa, embora o país tivesse muitas instituições avessas ao crescimento econômico. A sociedade era dividida em castas – samurais, camponeses, artesãos e comerciantes –, e a entidade política, em centenas de domínios comandados por senhores chamados *daimyo*. Os domínios podiam ser confiscados, o que criava uma insegurança na propriedade no nível mais alto da sociedade – algo parecido com a Inglaterra elisabetana. Havia restrições draconianas ao comércio internacional e a contatos com o exterior. Só se permitia a entrada de navios da China, da Coreia e da Holanda, e os holandeses ficavam restritos a uma colônia minúscula em Nagasaki.

A tecnologia avançou no período Tokugawa, mas as melhorias eram o oposto das britânicas. Como os salários eram baixos no Extremo Oriente, os japoneses inventaram uma tecnologia que aumentava o emprego de mão de obra a fim de elevar a produtividade da terra, do capital e dos materiais. A mão de obra, por exemplo, era direcionada para a construção de sistemas de irrigação, para aumentar o rendimento das safras. Passaram a ser plantadas novas variedades de arroz, como o *akamai*, e o controle da água permitia o plantio de outra cultura, como trigo, algodão, cana-de-açúcar, colza ou amora. Os agricultores trabalhavam mais horas por hectare e utilizavam menos capital, com enxadas em vez de arados e animais de tração.

A produtividade nos processos manufatureiros também melhorou. Os domínios procuravam atrair indústrias e davam apoio a pesquisas para elevar a produtividade, visto que uma maior produção levava a uma maior arrecadação de impostos. No caso da seda, as experiências iniciais com máquinas aos moldes ingleses (por exemplo, usando sistemas de correias e engrenagens inspirados em relógios e autômatos) foram deixadas de lado, pois não eram econômicas. As experiências se concentraram em melhorar a produtividade do bicho-da-seda. A criação seletiva e o controle da temperatura reduziram o tempo de amadurecimento e aumentaram a seda por casulo em 25%. Na mineração, o Japão conhecia os sistemas mecânicos de drenagem, mas não os usava; em vez disso, empregavam verdadeiros exércitos de trabalhadores para executar o serviço. Da mesma forma, utilizava-se muita mão de obra para extrair o máximo de metal dos minérios. A exceção que confirma a regra era o saquê. Foram criadas fábricas de capital intensivo, movidas a energia hidráulica, mas apenas porque o governo restringiu a produção, limitando o horário de funcionamento em que podiam operar. Essa restrição levou a projetos de fábricas de grande capacidade.

O desenvolvimento no período Tokugawa gerou uma prosperidade desigual. A população e a rizicultura cresceram no século XVII, mas os salários da mão de obra se mantiveram no nível de subsistência. O indivíduo médio consumia cerca de 1.800 calorias diárias no final do período Tokugawa e no começo do período Meiji. A maior parte das calorias e da proteína provinha do arroz, batatas e feijões, em vez de carne ou peixe. A isso correspondia a baixa estatura do povo: a altura média dos homens era de 1 metro e 57 e a das mulheres 1 metro e 46.

Mesmo assim, muitos tinham um estilo de vida mais próspero. Cerca de 15% da população morava em cidades; Edo (a atual Tóquio), com 1 milhão de habitantes, Osaka e Quioto (ambas com 400 mil) estavam entre as maiores cidades do mundo. A expectativa de vida estava aumentando; o tempo livre também, e assim os camponeses tiravam "dias de férias" e viajavam pelo país. A frequência escolar era muito alta para uma sociedade agrária. Em 1868, 43%

dos meninos e 10% das meninas frequentavam a escola, onde aprendiam a ler e fazer contas. Mais da metade dos homens eram letrados. A leitura para aprendizagem e entretenimento era amplamente difundida. Os livros eram muito caros para a maioria do povo, mas podiam ser alugados. Em 1808, havia 656 livrarias que alugavam livros em Edo, fornecendo livros a cerca de 100 mil famílias (mais ou menos metade da população). O alto nível de instrução se devia provavelmente à mercantilização da economia japonesa e deu base ao crescimento posterior.

O Japão do período Tokugawa atingiu um nível impressionante de competência técnica e administrativa, que ficou evidente na criação da primeira metalúrgica de ferro em Nagasaki. O impulso veio da necessidade militar. Em 1808, o *HMS Phaeton* entrou no porto da cidade para atacar a frota mercante holandesa. O *Phaeton* ameaçou bombardear o porto, caso se não lhe fornecessem suprimentos. Os japoneses não tinham canhões de ferro para se defender, visto que não dispunham de fornalhas para a forja. Nabeshima Naomasa, que se tornou o senhor dirigente de Nagasaki e era um entusiasta da ciência ocidental, montou uma equipe para criar uma fundição de canhões. A equipe incluía cientistas e artesãos especialistas em ferro. Traduziram um livro holandês que descrevia uma fundição em Leyden e a reproduziram. Em 1850, construíram com sucesso uma fornalha de reverberação e, três anos depois, estavam fabricando canhões. Em 1854, o grupo Nagasaki importou da Grã-Bretanha canhões Armstrong de última geração, que eram carregados por trás, e fabricou cópias. Em 1868, o Japão tinha onze fundições de ferro.

A restauração Meiji

Em 1839, os britânicos atacaram a China para obrigar o país a permitir a importação de ópio, que era um dos produtos mais lucrativos da Companhia das Índias Orientais. O narcoimperialismo triunfou com a derrota da China em 1842. O Japão seria o próximo? Parecia que a resposta seria afirmativa quando o almirante americano Perry chegou com quatro navios de guerra em 1853 e exigiu que o Japão suspendesse suas restrições ao comércio exterior. Não dispondo de uma marinha moderna, o Japão considerou que devia concordar e assinou tratados com os Estados Unidos, a Grã-Bretanha, a França e a Rússia. Era urgente ter forças militares adequadas. O xogum Tokugawa tomou algumas iniciativas para melhorar a segurança japonesa, mas, na opinião de muitos, eram poucas e tardias.

Em 1867, o imperador Meiji subiu ao trono. Foi quase um golpe de estado da parte dos modernizadores, e o último xogum Tokugawa renunciou a seus poderes. O lema dos modernizadores era "país rico, exército forte".

O novo regime empreendeu reformas de longo alcance. Todos os domínios feudais "se renderam" ao imperador e os 1,9 milhão de samurais foram dispensados e pagos com títulos do governo. As quatro ordens da sociedade foram abolidas, e assim qualquer um podia trabalhar em qualquer serviço. Os camponeses tiveram a ratificação de seus direitos de posse da terra e foram criados direitos modernos de propriedade. Os pagamentos feudais foram substituídos por um imposto fundiário ao governo nacional. Isso resultou numa grande receita para o estado nos anos 1870. Em 1873, instituiu-se o serviço militar obrigatório e criou-se um exército aos moldes ocidentais. Assim se reduziram ainda mais os privilégios dos samurais, que até então tinham sido os únicos autorizados a portar armas. Em 1890, foi adotada uma constituição escrita que criava uma monarquia constitucional segundo o modelo prussiano.

O espírito radical do Japão Meiji pode ser ilustrado por um problema simples: a medição do tempo. O relógio japonês tradicional dividia o tempo entre o nascente e o poente em seis horas, e o tempo entre o poente e o nascente em mais seis horas. Assim, a hora diurna e a hora noturna tinham durações diferentes e, além disso, variavam no decorrer do ano. Os relojoeiros do período Tokugawa fizeram experiências com modificações engenhosas nos relógios mecânicos do Ocidente, para reproduzir essas horas. Em 1873, foi concluída a primeira ferrovia japonesa, e o governo Meiji se viu diante do problema de publicar uma tabela de horários dos trens. Em vez de uma tabela com horas de chegada e partida que variavam ao longo do ano, o estado simplesmente aboliu a medição japonesa tradicional e adotou o relógio ocidental de 24 horas. O transporte moderno exigia um tempo moderno.

O desenvolvimento econômico Meiji

O governo Meiji bem que gostaria de desenvolver o país com o modelo padrão que lograra sucesso na Europa Ocidental e na América do Norte, mas só tinha condições de adotar com relativa facilidade apenas dois de seus quatro componentes. O primeiro era a criação de um mercado nacional abolindo as tarifas entre os domínios e construindo uma rede ferroviária. O segundo era o ensino universal. Em 1872, o ensino elementar se tornou obrigatório e, em 1900, 90% das crianças em idade escolar estavam na escola. Foram criadas escolas secundárias e universidades, mas eram limitadas e extremamente competitivas. Milhares de japoneses foram estudar no exterior. Com isso, a escolaridade avançou muito mais cedo no Japão do que em outros países pobres. A Tabela 6 compara o Japão e a Indonésia, país cuja experiência é representativa de grande parte da Ásia e da África. No Japão, uma proporção elevada da população (10,8%) estava na escola na virada do século, e na época da Segunda Guerra Mundial o país alcançou níveis modernos de participação escolar (19,7%). A Indonésia, por outro lado, ficou atrás do Japão por várias décadas. O ensino de massa foi uma razão de peso para o sucesso japonês ao adotar a tecnologia moderna.

Os outros componentes do modelo de desenvolvimento – bancos de investimento e tarifas protetoras – foram mais difíceis de implementar. O Japão do período Tokugawa não tinha nada que se assemelhasse a um banco moderno. O estado Meiji desde o começo autorizou o funcionamento de bancos, mas o sistema era caótico. O Japão levou 50 anos para desenvolver um sistema bancário aos moldes alemães. No começo do período Meiji, essa lacuna foi preenchida pelo estado, atuando como capitalista com investimentos de risco.

Para o Japão, era impossível utilizar as tarifas protetoras para promover o desenvolvimento industrial, porque um tratado que as potências ocidentais impuseram ao Japão em 1866 estabelecia o teto máximo de 5% para as tarifas de importação. Assim, o estado interveio diretamente na economia, com uma "política industrial direcionada". Os agentes mais importantes eram os Ministérios

Tabela 6. Porcentagem da população na escola

	Japão	**Indonésia**
1870	2,5	0,1
1880	6,7	0,1
1900	10,8	0,4
1913	14,1	1,1
1928	17,5	2,8
1940	19,7	3,4
1950	22,3	7,0
1973	17,2	13,6
1989	18,8	23,9

do Interior e da Indústria, encarregados de importar tecnologia moderna. O Ministério da Indústria criou os sistemas japoneses de telégrafos e ferrovias nos anos 1870 e 1880. Inicialmente, o projeto contou com a orientação de técnicos estrangeiros, mas foi criada uma escola para formar engenheiros japoneses em Osaka e os estrangeiros foram dispensados o mais rápido possível. Uma das razões para os japoneses gerirem os projetos era garantir que a política de fornecimento fomentasse a indústria japonesa. Assim, por exemplo, os oleiros japoneses recebiam contratos para fazer isoladores para as linhas dos telégrafos e, assim, criou-se um setor cerâmico industrial.

Nos anos 1870 e 1880, os dois ministérios operavam com o pressuposto de que o empresariado japonês não introduziria a tecnologia moderna com a rapidez necessária, e assim o estado precisava assumir o papel de empresário. Implantaram-se fábricas e mineradoras estatais com maquinário moderno importado, mas, em sua maioria, foram uns fracassos em termos comerciais. A fábrica de fios de seda de Tomioka, por exemplo, foi construída em 1872 com maquinário francês e energia a vapor, mas se manteve sempre no prejuízo. Nos anos 1880, o governo japonês vendeu a maior parte de seus estabelecimentos industriais e deixou ao empresariado a parte das decisões executivas dentro das condições estipuladas pelo estado. O empresariado japonês resolveu o problema de importação da tecnologia reformulando seus projetos para adequá-la às condições japonesas.

O Japão enfrentava um problema que só pioraria com o tempo: a tecnologia moderna vinha embutida em máquinas e especificações de fábrica que eram projetadas para empresas ocidentais em condições ocidentais. No final do século XIX, os salários no Ocidente eram muito mais altos do que no Japão, e por isso os projetos ocidentais usavam muito capital e matéria-prima para economizar em mão de obra. Essa configuração não era compatível com o Japão, resultando em custos altos. Alguns países continuaram a claudicar com tecnologias inadequadas, mas a resposta japonesa foi muito mais criativa: eles redesenharam a tecnologia ocidental para torná-la rentável em sua economia de baixos salários.

A fiação de seda foi um dos primeiros exemplos. Enquanto a fábrica de Tomioka continuava a perder dinheiro, a família Ono, de comerciantes de Tsukiji, montou uma fábrica que também utilizava maquinário inspirado na tecnologia ocidental. Mas, neste caso, as máquinas eram feitas de madeira, em vez de metal, e a energia era fornecida por manivelas movidas manualmente por trabalhadores, em vez de um motor movido a vapor. Esse tipo de modificação da tecnologia ocidental se tornou corrente no Japão, conhecido como "método Suwa". Era uma tecnologia apropriada para o Japão, na medida em que usava menos capital caro e mais mão de obra barata.

O mesmo se deu com o algodão. As primeiras tentativas de fiar com *mules* não deram certo. Muito mais sucesso teve o *garabô*, máquina de fiar inventada por Gaun Tokimune. Os próprios carpinteiros locais podiam construir um *garabô*, que saía bem barato (e assim economizava capital) e produzia um fio semelhante ao fabricado pelas rocas manuais com as quais concorria. O *garabô* não foi um projeto de alto nível do período Meiji, mas teve o apoio da Associação para o Desenvolvimento da Produção, dirigida pela prefeitura da localidade de Gaun.

O contraste com a Índia é expressivo. A indústria de fiação de algodão, que cresceu com rapidez em Bombaim nos anos 1870, usava as *mules* britânicas, e as fábricas eram operadas tal como na Inglaterra. Não houve uma tentativa sistemática de reduzir o capital na indústria indiana. Mas no Japão ocorreu o contrário. Um passo elementar foi o funcionamento das fábricas com dois turnos diários de onze horas cada, em vez de um só, o que era normal na Grã-Bretanha e na Índia. Isso reduzia à metade o capital por hora trabalhada. A partir dos anos 1890, em vez de *mules*, foram instalados fusos de anel de alta velocidade. Todas essas mudanças técnicas aumentaram o nível de emprego em relação ao capital e cortaram custos. No século XX, o Japão tinha a fiação de algodão de mais baixo custo do mundo e estava derrotando a concorrência não só dos britânicos, mas também dos indianos e chineses.

O desenvolvimento de uma tecnologia adequada às condições locais também se estendeu à agricultura. Os japoneses experimentaram maquinários agrícolas dos Estados Unidos nos anos 1870, mas não deu certo por exigir demasiado capital. Mais êxito tiveram as iniciativas para melhorar a produtividade da terra, mesmo que exigissem mais mão de obra. Em 1877, desenvolveu-se o plantio de arroz *shinriki* perto de Osaka. Ele tinha alto rendimento se fossem usados fertilizantes e se o solo do arrozal fosse cuidadosamente arroteado. O Ministério da Agricultura recrutou organizações de agricultores veteranos para difundir esse tipo de plantio no resto do país. A produção agrícola teve crescimento contínuo no Japão Meiji e deu uma grande contribuição ao desenvolvimento econômico – uma vez que as invenções se concentravam em aumentar a produtividade da terra, que era o fator de produção escasso e caro.

O período imperial, 1904-1940

Enquanto a sociedade japonesa sofria modificações no período Meiji, as transformações na estrutura econômica eram lentas. As principais indústrias eram tradicionais: o chá, a seda e o algodão. As exportações desses produtos pagavam a importação de máquinas e matérias-primas.

O crescimento industrial se acelerou entre 1905 e 1940, e suas características mudaram. A participação da manufatura no PIB saltou de 20% em 1910 para 35% em 1938. As indústrias metalúrgica, química e de bens de produção que dominaram o crescimento japonês no pós-guerra foram fundadas nesse período, bem como as empresas famosas que produzem tais bens.

Esses avanços coincidiram com a plena implementação do modelo padrão de desenvolvimento. O Japão recuperou o controle sobre suas tarifas em 1894 e 1911, e elas subiram imediatamente para proteger a indústria do país. Nos anos 1920, o sistema bancário tinha amadurecido o suficiente para financiar o desenvolvimento industrial. Além disso, o Japão conservou seu sistema de política industrial direcionada. O uso de vários instrumentos de política econômica se revelou especialmente eficaz em promover a indústria pesada.

O primeiro passo se deu em 1905, quando a Siderurgia Yawata foi criada por razões estratégicas. A siderurgia pertencia ao estado e exigiu subsídios durante anos antes de se tornar rentável. A Primeira Guerra Mundial deu grande impulso ao empresariado japonês, visto que as importações europeias cessaram. Depois da guerra, o setor militar empreendeu pesquisas junto com empresas privadas e promoveu indústrias de importância central, como automóveis, caminhões e aviões, com contratos de fornecimento para as forças armadas. Empresas de grande porte e bancos de financiamento eram de propriedade de *holdings*. Esses *zaibatsu* coordenavam a produção e canalizavam os investimentos para a indústria.

Embora os *zaibatsu* pretendessem contornar a escassez de capital no Japão aumentando as taxas de investimento e os índices de poupança, o empresariado também reagia ao fator dos preços inventando uma tecnologia apropriada. As empresas americanas operando num ambiente de altos salários inventavam sistemas de produção em linha de montagem, altamente mecanizados, que economizavam em mão de obra. As empresas japonesas, por seu lado, economizavam em capital e matérias-primas. Um dos produtos mais famosos do Japão era o caça Mitsubishi Zero. Sua velocidade máxima de 500 km/h a 4 mil metros de altitude foi obtida não aumentando a potência do motor, e sim reduzindo seu peso. Um expediente desenvolvido nos anos 1930 foi a produção *just in time*. Em vez de produzir componentes de estoque que exigiam capital para financiá-los, as empresas japonesas produziam componentes somente quando eram necessários. A produção *just in time* é uma técnica que se demonstrou tão produtiva que, hoje em dia, é usada não só em cenários de capital caro, mas também onde o capital é barato.

Ao contrário do México ou da Rússia czarista, o investimento estrangeiro foi um canal de importância relativamente pequena para a importação da tecnologia ocidental. O que as empresas japonesas fizeram foi criar seus próprios departamentos de P&D para copiar e reprojetar a tecnologia ocidental para adaptá-la às condições japonesas. O empresariado tinha o apoio do estado. Quando ficou evidente que seria impossível importar turbinas elétricas da Alemanha em 1914, a Hitachi recebeu um contrato para uma turbina de 10 mil cv para o projeto de uma hidroelétrica. Como a maior turbina que a Hitachi tinha feito até aquele momento era de 100 cv, havia muito a aprender, e a experiência fortaleceu a capacitação de engenharia da empresa.

A adoção do modelo padrão de desenvolvimento no Japão foi um sucesso, mas com algumas restrições. De um lado, criou-se uma sociedade urbana com indústrias avançadas. O PIB *per capita* subiu de $737 em 1870 para $2.874 em 1940. Em vista da estagnação que tomou conta da maior parte do Terceiro Mundo, essas realizações foram impressionantes. De outro lado, a taxa de crescimento na renda *per capita* (2% ao ano) foi modesta e não muito acima da taxa estadunidense de 1,5%. A prosseguir nesses índices após 1950, o Japão levaria 327 anos para alcançar os Estados Unidos. Precisaria ser mais rápido.

O lento crescimento econômico se refletia em fragilidades no mercado de trabalho, como na Rússia e no México. As empresas de grande porte pagavam salários altos, mas na agricultura e nas indústrias de pequeno porte os salários continuavam muito baixos, visto que a demanda de mão de obra era pequena. Esses setores ainda usavam tecnologia manual ou apenas máquinas muito simples. Havia uma simbiose entre os setores modernos e os tradicionais: se alguma etapa num processo de produção moderno pudesse ser executada com menos custos por métodos artesanais e de pequena escala, ela era subempreitada para uma empresa pequena.

América Latina

É a América Latina que tem realizado as experiências mais recentes com o modelo padrão. Elas se iniciaram ao mesmo tempo em que a parte sul do continente se integrou à economia mundial.

O México, os Andes, o Brasil e o Caribe faziam parte da economia mundial desde o século XVI, mas o sul da América Latina ficava longe demais da Europa para ser viável o comércio entre eles. Após 1860, graças à eficiência dos navios a vapor, tornou-se lucrativo exportar trigo da Argentina e do Uruguai e guano e cobre da costa do Pacífico para a Europa. Em 1877, somou-se à lista a exportação de carne, quando o primeiro navio refrigerado, *Le Frigorifique*, transportou carne de carneiro congelada de Buenos Aires para Rouen. As exportações dispararam e a região passou a atrair imigrantes e capitais da Europa.

Em 1900, o Cone Sul era uma das regiões mais ricas do mundo, e a Argentina se somou ao México no desenvolvimento manufatureiro.

Muitos países latino-americanos eram pequenos demais para se tornar nações industriais e continuaram a exportar produtos primários e a importar manufaturas – e continuaram pobres. Por outro lado, as economias maiores tentaram adotar o modelo padrão de desenvolvimento nas décadas finais do século XIX e perseveraram até os anos 1980, quando o modelo passou a se chamar "industrialização por substituição de importações" (ISI). Primeiro, em 1913 havia 90 mil quilômetros de ferrovias na Argentina, no Brasil, no México e no Chile. Segundo, as tarifas protegiam setores como o ferro e os têxteis. Terceiro, seguiu-se o modelo russo com investimentos do exterior. Quarto, porém, um grande lapso foi a omissão em garantir o ensino universal. A exceção notável foi a Argentina, pois implantou a escolarização gratuita e obrigatória em 1884. Em virtude disso, a Argentina (seguida de perto pelo Chile) liderava o continente, e em 1900 mais da metade de sua população adulta era alfabetizada – contra um quarto no México, na Venezuela e no Brasil.

O desenvolvimento manufatureiro ganhou impulso protegido pelas tarifas nos anos 1920 e 1930, e os preços baixos das exportações agrícolas do continente reforçavam os argumentos em favor do desenvolvimento industrial. Essa sensação difusa foi transformada em doutrina pela Comissão Econômica das Nações Unidas sobre a América Latina, sob a direção do economista argentino Raúl Prebisch. *O desenvolvimento econômico da América Latina e alguns de seus principais problemas* (1950) sustentava que os preços dos produtos primários exportados pela América Latina estavam caindo em relação aos preços das importações de bens manufaturados e recomendava que o estado fomentasse a indústria para enfrentar essa tendência. A chamada "teoria da dependência" tem tido grande influência política, embora suas posições sejam discutíveis. Vejam-se os exemplos neste livro. A história do óleo de palma e do cacau está de acordo com a teoria, visto que seus preços têm caído em relação ao preço do algodão desde a metade do século XIX (Figuras 17 e 18). Mas o preço do algodão bruto *aumentou* em relação ao preço do tecido de algodão na Índia no século XIX, levando à desindustrialização (Figuras 12 e 13).

A teoria da dependência levou a uma aplicação abrangente do modelo padrão. O ensino finalmente se tornou universal. Criaram-se bancos de desenvolvimento para financiar o crescimento, enquanto os investimentos estrangeiros passaram a ser os veículos de financiamento industrial e de introdução de tecnologia avançada. As tarifas e controles do governo foram usados para promover uma gama de indústrias modernas. A produção manufatureira e a urbanização dispararam. A renda *per capita* mais do que dobrou entre 1950 e 1980. Mas a dívida externa também aumentou e não foi mais possível pagar o serviço da dívida quando houve o aumento das taxas de juro, no começo dos anos 1980. O México pediu moratória em 1982, os bancos ocidentais rolaram a dívida com novos empréstimos, e a América Latina entrou em recessão. O modelo padrão atingira seus limites.

O fracasso da industrialização induzida pelas tarifas também refletia fatores mais profundos, como a evolução tecnológica. A diferença de salários entre os países ricos e os países pobres havia aumentado, e assim a nova tecnologia de uso altamente intensivo de capital dos anos 1950 era ainda menos adequada aos países pobres do que a tecnologia de 1850. Além disso, surgiu um novo problema. A nova tecnologia da metade do século XX envolvia não só uma alta proporção de capital/trabalho, mas também grandes unidades industriais. Estas muitas vezes eram grandes demais para os mercados dos países pobres.

O automóvel é um exemplo importante. Os países latino-americanos, na maioria, promoveram sua indústria automobilística, mas os mercados eram reduzidos demais para uma operação eficiente. O tamanho ótimo ou escala mínima eficiente (EME) para uma linha de montagem nos anos 1960 era de 200 mil veículos por ano. A EME para motores e transmissões estava perto de 1 milhão por ano, enquanto as prensas de chapas de metal podiam produzir 4 milhões de unidades em sua vida útil. Apenas sete empresas (GM, Ford, Chrysler, Renault, VW, Fiat e Toyota) produziam pelo menos 1 milhão de automóveis por ano e tinham fábricas de motores, transmissão e linhas de montagem em EME. (A eficiência na estamparia do metal se obtinha mudando o modelo do chassi apenas de anos em anos.) As empresas menores arcavam com custos maiores.

Os mercados automobilísticos da América Latina eram menores. Na década de 1950, eram vendidos cerca de 50 mil carros novos por ano na Argentina. O Decreto Automotivo de 1959 determinou que 90% dos componentes dos veículos vendidos no país fossem fabricados internamente. A produção subiu 24% por ano até 1965, quando foram fabricados 195 mil veículos e os automóveis responderam por 10% da economia. A ISI parecia um grande sucesso em termos de aumento da produção, mas a indústria ainda era pequena demais para alcançar as economias de produção em larga escala. O problema das dimensões reduzidas do mercado nacional se exacerbou com sua divisão entre treze empresas, sendo que a maior delas produzia apenas 57 mil veículos. Disso resultou que o custo de produzir um automóvel na Argentina era 2,5 maior do que nos Estados Unidos. A Argentina jamais conseguiria competir internacionalmente com essa estrutura industrial, e o setor arrastou consigo o nível de eficiência geral da economia. Como a mesma história se repetiu no aço, na petroquímica e em outras indústrias, a ISI desempenhou um grande papel no achatamento do PIB por trabalhador e, portanto, no padrão de vida.

O contraste com o século XIX é muito acentuado. Naquela época, não existia o problema da escala. Por volta de 1850, uma fiação típica tinha 2 mil fusos e processava 50 toneladas de fio por ano. Os Estados Unidos consumiam anualmente cerca de 100 mil toneladas de fio, e assim podiam acomodar 2 mil fiações em EME. Deu-se o mesmo em outras indústrias modernas: um alto-forno produzia 5 mil toneladas anuais e o consumo total nos Estados Unidos era de cerca de 800 mil toneladas, ou 160 vezes a EME; uma usina de trilhos laminava 15 mil toneladas de trilhos por ano, enquanto os Estados Unidos utilizavam 400 mil toneladas (apenas 27 vezes mais!). As altas tarifas estadunidenses e europeias aumentavam os preços pagos pelos consumidores no século XIX, mas não sobrecarregavam suas economias com uma estrutura industrial ineficiente. Esta é uma razão fundamental pela qual o modelo padrão funcionou na América do Norte, mas não na América do Sul.

Na Rússia czarista, no Japão e na América Latina, o modelo padrão gerou um crescimento econômico modesto, mas não suficiente para cobrir a distância em relação ao Ocidente. Com o PIB *per capita* aumentando a cerca de 2% ao ano nos países avançados, os países pobres tinham de gerar pelo menos o mesmo nível de crescimento apenas para se manter nas mesmas posições relativas, e muitíssimo mais para alcançá-los em curto prazo de tempo. A Rússia czarista, o Japão e a América Latina não conseguiriam isso com o modelo padrão. Um corolário foi o lento aumento na demanda de mão de obra, ficando aquém do crescimento populacional. Em decorrência disso, a Rússia czarista e a América Latina sofriam de grande desigualdade e instabilidade política. Muitos segmentos no Japão antes da Segunda Guerra Mundial – os trabalhadores na agricultura e na indústria de pequena escala e as mulheres em geral – também ficaram excluídos do crescimento. Esses problemas pioraram com o tempo, conforme aumentou a escala da produção eficiente e as proporções entre capital e trabalho se tornaram ainda maiores nos países ricos. Mesmo sem a crise financeira no começo dos anos 1980, o modelo padrão chegara ao final de sua vida útil. O que iria substituí-lo?

Capítulo 9

O Grande Impulso na industrialização

No século XX, o Ocidente avançou ainda mais em relação ao resto do mundo, mas alguns países reverteram a tendência e se emparelharam, em especial o Japão, Taiwan, a Coreia do Sul e (não totalmente) a União Soviética. A China parece estar no mesmo curso. Esses países tiveram um crescimento muito rápido e cobriram a distância em meio século. Ao dar o arranque para crescerem, começaram com uma renda *per capita* equivalente a apenas 20-25% da renda nos países avançados. Esta crescendo a 2% ao ano, um país pobre conseguiria alcançá-los em duas gerações (sessenta anos) somente se seu PIB *per capita* crescesse a 4,3% por ano. Isso exige que o PIB total cresça 6% ou mais ao ano, dependendo do crescimento populacional. É um tremendo esforço. A única maneira com que os países de grandes dimensões têm conseguido crescer com tal rapidez é construindo simultaneamente todos os elementos de uma economia avançada: siderúrgicas, hidrelétricas e fontes de geração de energia, cidades, indústria automobilística e assim por diante. É a industrialização do *Grande Impulso*. Coloca problemas difíceis, visto que tudo é construído antes da oferta e demanda. As siderúrgicas são construídas antes das fábricas de automóveis que usarão suas chapas laminadas. As fábricas de automóveis são construídas antes de ter disponível o aço que utilizarão e, na verdade, antes mesmo de qualquer demanda efetiva de seus produtos. Todos os investimentos dependem da crença de que os demais investimentos complementares se materializarão. O êxito do projeto grandioso exige uma autoridade de planejamento que coordene as atividades e assegure que sejam executadas. As grandes economias que saíram da pobreza no século XX conseguiram fazer tudo isso, mesmo com variações consideráveis em seu aparato de planejamento.

O desenvolvimento econômico soviético

A União Soviética é o exemplo clássico de um Grande Impulso. Depois da Revolução de 1917, seguiram-se quatro anos de guerra civil, com a vitória dos bolcheviques, que atenderam às demandas dos camponeses pela posse da terra e divisão igualitária entre a população agrícola. Em 1928, a Nova Política Econômica tinha revivido a economia, Lênin morrera e Stálin estava no poder.

A URSS enfrentava o mesmo problema de outros países pobres: a maioria da população se concentrava no campo, trabalhando em produção artesanal e agricultura de pequena escala. O país precisava construir uma economia urbana moderna. Isso, por sua vez, exigia investimentos maciços em tecnologia moderna. A solução soviética foi o planejamento central, cujo símbolo veio a ser o Plano Quinquenal. Como as empresas soviéticas eram do estado, podiam ser dirigidas por instruções vindas de cima (o plano), em vez de seguir os incentivos do mercado. Por muito tempo, o modelo soviético pareceu ser um grande sucesso e inspirou o desenvolvimento planejado em muitos países pobres.

O Grande Impulso soviético começou com o primeiro Plano Quinquenal, em 1928. A estratégia de crescimento se apoiava em quatro alicerces. O primeiro era a canalização de investimentos para a indústria pesada e a produção de maquinários. Isso acelerou a capacidade de construir equipamentos de capital, assim elevando a taxa de investimentos. A URSS tinha dimensões suficientes para absorver a produção das fábricas de larga escala, que passaram a ser a norma. O segundo era o uso de metas exigentes de produção para direcionar as operações de negócios. Como a maximização da produção poderia gerar prejuízos, as empresas recebiam créditos bancários generosos para poderem cobrir seus custos. As "restrições orçamentárias rígidas" do capitalismo foram substituídas por "restrições orçamentárias brandas". O terceiro alicerce foi a coletivização da agricultura. Em termos políticos, esta foi a política econômica mais controvertida, visto que era um anátema para os camponeses, que preferiam pequenas propriedades familiares e redistribuições periódicas das terras na aldeia, para garantir a igualdade. No caso, a coletivização resultou numa enorme queda na produção agrícola, gerando a fome de 1933. O quarto era o ensino de massas. A escolarização logo se tornou universal e obrigatória. Deu-se grande ênfase ao ensino dos adultos, para diminuir o tempo de formação de toda a força de trabalho.

Essas medidas permitiram que a economia crescesse depressa. Quando os alemães invadiram a URSS em 1940, havia milhares de fábricas, represas e hidrelétricas. Os planos direcionavam os investimentos para a indústria pesada, que teve um enorme avanço. Em 1940, a produção de gusa tinha passado de um máximo de 4 milhões antes da guerra para 15 milhões de toneladas anuais. Era o dobro do que produzia a Grã-Bretanha, mas ainda assim apenas a metade dos Estados Unidos. A geração de energia elétrica passou de 5 para 42 bilhões de quilowatts-hora. (Certa vez, Lênin disse num gracejo que o comunismo era "o poder dos sovietes mais a eletrificação de todo o país". Segundo essa definição, a revolução foi um sucesso.) O índice de investimentos subiu de cerca de 8% do PIB em 1928 para 19% em 1939.

A produção de bens de consumo também aumentou, mas em escala menor. Em parte, isso refletia as prioridades; em parte, devia-se à calamitosa coletivização da agricultura. No final da década, porém, a produção deu um salto. Em 1939, a URSS processou cerca de 900 mil toneladas de algodão descaroçado. Era o dobro dos níveis de 1913, 50% a mais do que a Grã-Bretanha (cuja produção caíra consideravelmente, devido à concorrência japonesa), mas apenas 52% da produção dos Estados Unidos. Embora o consumo *per capita* tenha sofrido uma queda brusca em 1932 e 1933, houve um aumento de 20% nos padrões médios de vida entre 1928 e 1939. Além disso, os serviços de saúde e ensino ganharam enorme extensão.

A Segunda Guerra Mundial foi um tremendo golpe para a URSS: 15% dos cidadãos soviéticos perderam a vida (a mortalidade dos homens com 20-49 anos chegou a 40%) e fábricas e casas foram destruídas. Mas em 1950 estava restaurado o estoque de capital e retomou-se o crescimento econômico acelerado. O investimento se manteve na faixa de 38% do PIB. Em 1975, a União Soviética produzia mais de 100 milhões de toneladas de ferro-gusa e ultrapassara os Estados Unidos. A produção de bens de consumo também aumentou rapidamente. Parecia que o modelo soviético realmente podia ser a melhor via para o desenvolvimento de um país pobre.

E aí tudo deu errado. A taxa de crescimento diminuiu gradualmente nas décadas de 1970 e 1980. No final dos anos 1980, foi zero. O presidente Gorbachev defendeu a "reestruturação" (*perestroika*). O planejamento central deu lugar ao mercado, mas era tarde demais para salvar a URSS, que foi dissolvida.

No caso da União Soviética, há, de fato, duas perguntas. Em primeiro lugar: o que deu certo? Por que o PIB *per capita* cresceu tão rápido entre 1928 e os anos 1970? A resposta se divide em duas partes: uma delas se refere ao PIB, a outra ao *per capita*. O PIB cresceu depressa porque as instituições soviéticas foram eficientes na construção de fábricas modernas de produção em larga escala. A canalização do investimento para a indústria pesada aumentou a capacidade de construir estruturas e equipamentos, e as restrições orçamentárias brandas criaram empregos para pessoas que, de outra maneira, estariam desempregadas numa economia de mais-valia. Mesmo a coletivização da agricultura deu sua contribuição (embora pequena) ao acelerar a migração das pessoas para as cidades onde estavam os novos empregos. De início, o planejamento não exigiu muita visão, já que o objetivo era adequar a tecnologia ocidental à geografia russa.

A segunda razão para o rápido crescimento do PIB *per capita* foi o lento crescimento populacional. O número de habitantes passou de 155 milhões em 1920 para 290 milhões em 1990. Esse crescimento lento se devia, em parte, ao excesso de mortalidade decorrente da coletivização e, especialmente, da Segunda Guerra Mundial, mas a importância dessas causas é menor do que o declínio no índice de fertilidade. Nos anos 1920, a mulher soviética média tinha sete filhos. Nos anos 1960, caiu para 2,5. O crescimento da urbanização contribuiu, mas a causa mais importante na URSS (como nos países pobres em geral) foi a escolarização das mulheres e o emprego remunerado fora de casa.

Em segundo lugar, o que deu errado? Por que o crescimento se reduziu nos anos 1970 e 1980? Há várias respostas possíveis, das passageiras às estruturais, e entre elas se incluem o fim da economia de mais-valia, o desperdício de investimentos no desenvolvimento siberiano, a corrida armamentista com os Estados Unidos, que drenou recursos de P&D da indústria civil, a maior dificuldade de planejamento após o emparelhamento tecnológico com o Ocidente, agora tendo de projetar o futuro, a impossibilidade do controle central (o que aconteceria à economia estadunidense se coubesse ao presidente a tarefa de geri-la?), bem como o ceticismo e o conformismo gerados pela ditadura. Com a queda da URSS, muitos observadores passaram a rejeitar o planejamento estatal e a celebrar as virtudes da liberdade de mercado. Outros países, porém, se saíram melhor com outras formas de planejamento.

O Japão

As metas da política econômica japonesa antes da Segunda Guerra Mundial estavam sintetizadas no lema "país rico, exército forte". A derrota na guerra levou o Japão a rejeitar o "exército forte", mas se engajou na meta do "país rico" com um empenho ainda maior. O Japão precisava de um Grande Impulso para cobrir a diferença de renda com o Ocidente. O projeto foi de um êxito admirável. A renda *per capita* cresceu 5,9% ao ano entre 1950 e 1990, atingindo um pico de 8% entre 1953 e 1973. Em 1990, o país alcançara os padrões de vida da Europa Ocidental.

O Japão empreendeu esse avanço invertendo a política tecnológica que adotara nos períodos Meiji e Imperial. Ao invés de ajustar a tecnologia moderna a seu fator preço, o Japão adotou a tecnologia mais moderna, de capital mais intensivo, numa vasta escala. O índice de investimento alcançou cerca de um terço da renda nacional nos anos 1970. O estoque de capital cresceu tão rápido que, no prazo de uma geração, criara-se uma economia de altos salários. O fator preço se ajustou ao novo ambiente tecnológico, e não vice-versa.

A industrialização japonesa no período do pós-guerra exigia planejamento, cujo agente central era o Ministério da Indústria e Comércio Exterior (MICE). Os instrumentos de política econômica que o Japão aperfeiçoara nos anos 1920 e 1930 foram utilizados para acelerar a taxa de crescimento.

O MICE se ocupou de dois tipos de problemas. Um

era relativo à escala de produção – a questão que derrotou a ISI na América Latina. O aço foi um dos grandes êxitos do Japão. A produção aumentara de 2,4 milhões de toneladas em 1932 até um pico de 7,7 milhões em 1943, então caíra para 0,5 milhão em 1945 e voltara a 4,8 milhões em 1950. Uma característica essencial da produção do aço é que os custos são minimizados em siderúrgicas de grande escala e capital intensivo. Em 1950, a escala mínima eficiente era de 1 a 2,5 milhões de toneladas. A maioria das siderúrgicas dos Estados Unidos eram maiores do que isso, mas apenas uma siderúrgica japonesa (a Yawata, com capacidade de 1,8 milhão de toneladas) estava naquela faixa. As demais siderurgias japonesas produziam de 500 mil toneladas para baixo. Com isso, o aço japonês era pelo menos 50% mais caro do que o aço europeu ou estadunidense, apesar da mão de obra barata no Japão. O objetivo do MICE nos anos 1950 foi reestruturar a indústria japonesa para que todo o aço fosse produzido em usinas em escala eficiente. O poder do MICE provinha de seu controle sobre o sistema bancário e de sua autoridade em alocar as divisas, que eram necessárias para importar coque e minério de ferro. Em 1960, a capacidade havia aumentado para 22 milhões de toneladas em usinas modernizadas, de larga escala. Após 1960, o MICE não precisou mais atuar tão diretamente. A expansão prosseguiu com a construção de instalações em novas áreas. Todas elas tinham a escala mínima eficiente, a qual, naquela época, subira para cerca de 7 milhões de toneladas; em contraste, a maior parte da capacidade nos Estados Unidos se concentrava em usinas antigas, abaixo da EME. As usinas japonesas também eram mais avançadas em termos técnicos. Oitenta e três por cento do aço japonês em meados dos anos 1970 eram extraídos em fornos básicos a oxigênio, contra 62% nos Estados Unidos, e havia a fundição contínua de 35% contra 11% nos Estados Unidos. Apesar de um grande aumento nos salários, o Japão era o produtor de aço mais barato do mundo, devido à adoção de tecnologia moderna de capital intensivo. Em 1975, foram produzidos mais de 100 milhões de toneladas.

Quem compraria todo esse aço? As indústrias de navios, automóveis, máquinas e construção eram as principais compradoras internas. Elas precisavam se expandir no mesmo ritmo da indústria siderúrgica. Isso colocava um segundo problema de planejamento. Também era preciso definir quais as tecnologias a serem adotadas naquelas indústrias e, tal como no caso do aço, o Japão adotou uma abordagem de larga escala com capital intensivo. No caso dos automóveis, por exemplo, as empresas japonesas tinham mais capital por trabalhador do que suas equivalentes nos Estados Unidos, e o capital japonês era mais eficiente, visto que o sistema *just in time* significava que era muito menor a quantidade de entregas com componentes inacabados. Ademais, a escala de produção no Japão era maior. Nos anos 1950, a EME das linhas de montagem estava perto de 200 mil veículos por ano. A Ford, a Chrysler e a General Motors produziam anualmente de 150 a 200 mil veículos por unidade fabril. Nos anos 1960, as novas fábricas de automóveis japonesas incorporaram a estamparia e linhas múltiplas de montagem para elevar a EME acima de 400 mil unidades por ano. Todas as empresas japonesas produziam nesses patamares, e as mais eficientes, como a Honda e a Toyota, podiam alcançar 800 mil veículos por fábrica por ano. A adoção de métodos de capital altamente intensivo no Japão permitiu a criação da indústria mais eficiente do mundo, capaz de manter preços competitivos em seus produtos e, ainda assim, pagar salários altos à sua mão de obra.

Um terceiro problema de planejamento era garantir uma expansão na demanda de consumo no Japão para adquirir esses bens de consumo duráveis. As instituições japonesas características no mundo das relações industriais desempenharam seu papel: nas empresas grandes, as associações de fábrica, a remuneração por tempo de serviço e o caráter vitalício do emprego significavam que uma parte dos lucros das empresas bem-sucedidas era distribuída entre os funcionários. As pequenas empresas, porém, respondiam por muitos empregos no país e, nos anos 1950 (tal como no período do entreguerras), pagavam salários baixos. Nos anos 1960 e 1970, a grande expansão da indústria pôs fim ao excedente de mão de obra, e a economia dual desapareceu, enquanto os salários no setor das pequenas empresas subiam rapidamente. O aumento de renda com a expansão do emprego levou a uma revolução no estilo de vida, conforme os japoneses compravam geladeiras e automóveis fabricados com o suprimento de aço, que se ampliara. Além de comprarem mais engenhocas, os japoneses passaram a se alimentar melhor e a altura média aumentou. Em 1891, o soldado médio tinha 157 cm de altura, enquanto seu correspondente em 1976 media 168 cm. As despesas do consumidor japonês confirmaram a validade das decisões de ampliar a capacidade e aumentar os salários, tornando adequada a tecnologia de capital intensivo – se não antes, pelo menos após o fato consumado.

Um último problema de planejamento estava relacionado com o mercado internacional. Esse problema tinha ramificações que iam muito além do MICE. Em meados dos anos 1970, a indústria japonesa do aço estava exportando quase um terço de sua produção, principalmente para os Estados Unidos. Também eram remetidos para lá percentuais semelhantes da produção de automóveis e bens de consumo duráveis. A produção estadunidense de aço e automóveis quebrou sob o impacto da concorrência japonesa; na verdade, o declínio do Rust Belt ("Cinturão da Ferrugem" ou "Cinturão Manufatureiro") dos Estados

Unidos foi a contrapartida do Milagre Econômico do Japão. Os Estados Unidos poderiam ter impedido facilmente essas importações, se tivessem mantido a política de tarifas altas que seguiam desde 1816. Negociou-se uma política de "restrições voluntárias de exportação", mas foi apenas um expediente temporário. Os Estados Unidos, ao contrário, preferiram reduzir as tarifas, mas apenas se outros países fizessem o mesmo (liberalização multilateral do comércio internacional). Isso porque os Estados Unidos saíram da Segunda Guerra Mundial como a economia mais competitiva do mundo e, portanto, parecia mais compensador ampliar suas oportunidades de exportação do que proteger desnecessariamente o mercado interno. Com o êxito exportador do Japão, essa suposição se tornou um tanto questionável. Mas o Japão se estabelecera como o baluarte dos Estados Unidos contra o comunismo no Extremo Oriente e sua importância geopolítica permitiu manter suas opções no comércio internacional.

A era do crescimento acelerado não podia durar para sempre. Costuma-se datar o final desse ciclo com o estouro das bolhas do setor imobiliário e do mercado de ações em 1991, que desembocou numa era de deflação.

A causa, porém, foi mais profunda, pois consistia no desaparecimento das condições que, em primeiro lugar, haviam permitido o crescimento acelerado. O Japão cresceu rápido ao cobrir a distância com o Ocidente em três aspectos: o capital por trabalhador, o ensino por trabalhador e a produtividade. O processo já se consumara em 1990, e o Japão, nessa época, era como qualquer outro país avançado: seu ritmo de crescimento só podia acompanhar a expansão da fronteira tecnológica mundial: 1 ou 2% ao ano. A diminuição do ritmo de crescimento após 1990 era inevitável.

A China

A Coreia do Sul e Taiwan seguiram as pegadas do Japão para alcançar o Ocidente. Ambas eram colônias japonesas, o que lhes deu um início ambíguo. Criaram-se sistemas de ensino modernos, mas a ênfase era no ensino do japonês e não do coreano ou do taiwanês. O desenvolvimento da agricultura e da infraestrutura tinha como objetivo converter as colônias em fornecedoras de alimentos ao Japão. A renda *per capita* alcançou $1.548 em 1940. Com o desfecho da Segunda Guerra Mundial, os japoneses foram expulsos, suas propriedades confiscadas e suas terras redistribuídas entre a população rural, criando sociedades camponesas igualitárias. A partir dos anos 1950, os dois países entraram num processo vigoroso de industrialização. A Coreia do Sul, em particular, seguiu de perto o modelo japonês do Grande Impulso. Importou tecnologia avançada adotada por empresas coreanas, visto que as empresas estrangeiras eram proibidas no país. O estado planejou os investimentos e restringiu as importações para proteger as manufaturas coreanas que fomentava. Como no Japão, o desempenho e a alta qualidade aumentaram devido às exigências de que essas empresas exportassem grande parte de sua produção. A Coreia criou as indústrias pesadas, como o aço, construção de navios e fabricação de automóveis, nas quais o Japão tivera sucesso e, uma ou duas décadas depois, a Coreia também teve sucesso.

O desenvolvimento da Coreia do Sul e de Taiwan é impressionante, mas diminuirá de envergadura se a China mantiver sua velocidade de industrialização dessas últimas décadas. Quando os comunistas tomaram o poder em 1949, o PIB *per capita* estava lá embaixo ($448). Em 2006, a renda alcançou $6.048 *per capita*, colocando a China entre os países de renda mediana. Foi um desempenho muito melhor do que o da maior parte da Ásia, África ou América Latina (Tabela 1).

Como fez a China? Geralmente responde-se que foram "reformas de liberalização do mercado", mas é uma resposta incompleta. A história econômica da China, desde 1949, divide-se em dois períodos: o período de planejamento (1950-78) e o período de reformas (1978 até o presente). No primeiro período, a China adotou um sistema comunista com fazendas coletivas, indústrias do estado e planejamento central aos moldes soviéticos. A estratégia de desenvolvimento favoreceu a expansão da indústria pesada para criar as máquinas e estruturas de uma sociedade industrial urbana. O índice de investimento foi elevado a cerca de um terço do PIB, e a produção industrial cresceu rapidamente. A política tecnológica, apelidada de "caminhar com as duas pernas", somava uma tecnologia avançada e de capital intensivo com uma manufatura com mão de obra intensiva, sempre que possível. A produção de aço, que sempre é um objetivo das industrializações à base do Grande Impulso, saltou de cerca de 1 milhão de toneladas anuais em 1950 para 32 milhões em 1978. A despeito das mudanças na política econômica, entre elas o Grande Salto Adiante (1958-60), a fome subsequente e a Revolução Cultural (1967-69), a renda *per capita* mais do que dobrou, passando de $448 em 1950 para $978 em 1978 (aumento de 2,8% ao ano). Não foi pouca coisa, mas não diferenciou a China de muitos outros países pobres.

Após a morte de Mao em 1976, Deng Xiaoping iniciou as "reformas" em 1978. O planejamento foi desmantelado e em seu lugar criou-se uma economia de mercado. Ao contrário do "tratamento de choque" da Europa Oriental, a China tem feito suas reformas com mudanças e suplementações graduais de suas instituições. Desde 1978, houve retomada do crescimento.

As primeiras reformas foram realizadas na agricultura e ilustram a complexidade das questões. Duas delas foram especialmente importantes. Primeiro: em 1979 e 1981, as agências estatais aumentaram seus preços de compra em 40% a 50% pela produção que ultrapassasse os volumes de fornecimento obrigatórios especificados no plano. Segundo: o trabalho agrícola coletivo foi substituído pelo Sistema de Responsabilidade por Domicílio. Com o SRD, a terra dos coletivos foi dividida em pequenas áreas arrendadas às famílias, que eram obrigadas a entregar sua parte segundo as obrigações do plano da comuna, mas podiam ficar com a renda obtida com a venda a alto preço da produção que ultrapassasse as cotas.

A produção familiar disparou com a implantação dessas políticas, e este é o principal argumento em favor da importância de tais políticas. Entre 1970 e 1978, o PIB oriundo da agricultura aumentou 4,9% ao ano, o que é ainda mais do que os 3,9% realizados entre 1985 e 2000. Mas, entre 1978 e 1984, a produção saltou para 8,8% ao ano. A produção de cereais também cresceu em 1978-84 mais rápido do que antes ou depois. Visto que o aumento nos preços e o SRD aumentaram o incentivo financeiro para que os camponeses aumentassem a produção, a conclusão habitual é que as mudanças na política econômica geraram o crescimento da produção.

As reformas, porém, devem dividir os créditos com outros desenvolvimentos que foram decorrentes de decisões de planejamento anteriores. Se os agricultores chineses conseguiram aumentar a produção, foi porque podiam usar tecnologia avançada, que estava chegando na mesma época das reformas nas instituições rurais. O aumento da produtividade nas safras dos cereais depende de três melhorias nas condições chinesas: melhor controle da água, sementes de alto rendimento e fertilizantes. Houve um grande aumento nas áreas irrigadas da China entre os anos 1950 e 1970, e foram perfurados milhões de poços artesianos no norte da China para suprimento de água. O aumento no fornecimento de água contribuiu para o aumento da produção de cereais durante o período de planejamento e foi um pré-requisito para o rápido crescimento da produção por volta de 1980.

Para um grande aumento na produtividade agrícola, eram necessárias sementes que reagissem ao uso de fertilizantes. O problema biológico é geral nos trópicos: se se aplicar fertilizante às variedades tradicionais de arroz, elas produzirão mais folhas e hastes mais compridas. Os pés acabam se vergando, o que impede a formação dos grãos. A solução consiste em plantar arroz anão com hastes fibrosas que não vergam, e assim o crescimento adicional propiciado pelo fertilizante vai para a espiga e não para a folhagem. O arroz japonês já era naturalmente assim, e esta foi a base biológica para o aumento na produção familiar durante o período Meiji. Mas o arroz japonês não dava em regiões mais ao sul devido a diferenças na duração do dia, e assim foi necessário desenvolver variedades anãs adaptadas a latitudes tropicais. A variedade mais famosa é a IR-8, desenvolvida no Instituto Internacional de Pesquisas do Arroz, nas Filipinas, e lançada em 1966. A IR-8 e suas sucessoras têm sido a base da Revolução Verde em grande parte da Ásia. O que não se leva tanto em conta é que a China chegou antes. O programa de desenvolvimento de sementes da Academia de Ciências chinesa produziu um arroz anão de alto rendimento dois anos antes do IR-8. Foi a difusão do novo arroz anão que provocou a grande explosão da produção familiar chinesa.

O arroz de alto rendimento só rende bem se receber quantidades maciças de fertilizantes. Nos anos 1970, os agricultores chineses já estavam usando fertilizantes tradicionais ao máximo. Uma aplicação mais intensa exigia a produção industrial de nitratos. As iniciativas de aumentar a produção de fertilizantes nos anos 1960 não tiveram grande sucesso e por isso, em 1973-74, o estado comprou treze fábricas de amônia de fornecedores estrangeiros. Elas chegaram em sequência no final dos anos 1970 e forneceram o fertilizante que fez disparar os rendimentos. Não há como saber se o aumento na produção familiar entre 1978 e 1984 exigiria necessariamente as reformas ou se teria ocorrido de uma maneira ou outra.

A mudança tecnológica na agricultura chinesa tem características semelhantes à do Japão e reflete o desenvolvimento da tecnologia adaptada ao fator das proporções do país. Como no Japão, a mão de obra era abundante e a terra escassa, de modo que o avanço tecnológico se concentrou, até data recente, em aumentar a produtividade do solo. Foram relativamente pequenos os investimentos direcionados para a economia em mão de obra. A história da Revolução Verde na China, nesse aspecto, é diferente da história indiana, onde a mecanização acompanhou a adoção de culturas de alto rendimento. O acesso ao crédito mais barato resultou em vantagens para os grandes agricultores na Índia, os quais aumentaram o tamanho de suas propriedades em detrimento dos pequenos agricultores, que muitas vezes perderam suas terras. Com a adoção de máquinas agrícolas, era possível empregar menos pessoas para cultivar o solo. A China evitou esses conflitos. A posse comunal da terra equalizou as áreas e preservou os sítios pequenos, o que foi uma resposta mais racional à abundância de mão de obra e escassez de capital, além de ser mais equitativa.

As reformas também têm transformado o setor industrial. Os primeiros passos foram igualmente dados na zona rural. O emprego paralelo em manufaturas sempre foi uma característica da China rural e foi adotado nas fazendas coletivas. Após 1978, os funcionários locais do partido passaram a promover os "Empreendimentos das Aldeias e Vilas" (EAVs). A produção de bens de consumo estava muito atrasada e os EAVs preencheram a lacuna vendendo seus produtos no livre mercado. As indústrias de bens de consumo tinham proporções baixas entre capital e trabalho (ao contrário das indústrias pesadas, que constituíam o foco principal do planejamento), de modo que os EAVs usavam uma tecnologia apropriada à China, e foi por isso que se saíram bem na concorrência do mercado. Entre 1978 e 1996, o emprego nos EAVs passou de 28 milhões para 135 milhões, e sua participação no PIB passou de 6% para 26%. A adoção de mecanismos de mercado tem se estendido por todo o setor estatal desde meados dos anos 1980, quando o estado congelou as metas do plano e permitiu que os empreendimentos vendessem no mercado livre a produção que superasse as exigências do plano. Desde então, a economia "vai além do plano" e, com sua expansão, passou a se orientar cada vez mais para o mercado.

Em 1992, o 14º Congresso do Partido ratificou a "economia socialista de mercado" como a grande meta das reformas, e o planejamento material equilibrado, que era o próprio cerne da planificação central, foi abolido. Reformas posteriores criaram um sistema financeiro para ocupar o lugar do estado na alocação dos investimentos e converteram as empresas estatais dos departamentos do governo em corporações de propriedade pública. A reforma da indústria estatal incluiu profundos cortes no emprego e o fechamento de unidades com capacidade ociosa. É um resultado ao qual a URSS nunca conseguiu chegar e que pode ter contribuído para a diminuição em seu crescimento por confinar uma grande parcela da força de trabalho em serviços improdutivos, ao invés de transferi-la para novas unidades de alta produtividade. Como o investimento passou a ser mais determinado pelo mercado, a taxa de investimentos se manteve alta. O estado continua ativo, embora menos envolvido formalmente, guiando os investimentos para a energia e a indústria pesada. Talvez seja por isso que a indústria siderúrgica continua a crescer a um ritmo explosivo. Agora ela produz 500 milhões de toneladas por ano. Os Estados Unidos, a URSS e o Japão nunca produziram mais de 150 milhões de toneladas, e assim a China quebrou todos os recordes mundiais. Sua população, evidentemente, é muito maior, mas a produção *per capita*, que em 1950 chegou a um máximo de 2 kg e mesmo em data tão recente quanto 2001 chegou a 102 kg, agora é de 377 kg e alcançou o nível de consumo dos países ricos. Entre 1978 e 2006, a renda *per capita* cresceu 6,7% ao ano.

A explicação usual para o alto índice de crescimento são as reformas. Como no caso da agricultura, é uma explicação incompleta. As "instituições reformadas" da China podem ter melhorado o desempenho do país em comparação ao sistema de Mao, mas não geraram instituições superiores às que se encontram na maioria dos países pobres do mundo; com efeito, se a China estivesse crescendo devagar, a lentidão seria atribuída aos direitos de propriedade, ao sistema jurídico e à ditadura comunista agora vigente. A grande pergunta comparativa sobre a China não é "por que as instituições medíocres de mercado da China têm um desempenho melhor do que o do planejamento central?", e sim "por que as instituições medíocres de mercado têm funcionado tão bem?". A resposta pode remontar às heranças do período de planejamento ou a outras características da sociedade chinesa ou, ainda, a suas políticas econômicas que a diferenciam dos países pobres em geral.

As heranças do período de planejamento sem dúvida tiveram seu papel. Entre elas estão uma população com alto nível de instrução, um grande setor industrial, baixas taxas de fertilidade e mortalidade e, apesar da Revolução Cultural, um setor científico de grande capacitação em P&D. O ensino primário se expandiu durante todo o período de planejamento; disso resultou que, segundo o recenseamento de 1982, dois terços da população eram alfabetizados e, ademais, os cursos de capacitação profissional também eram amplamente generalizados. A expectativa de vida, que nos anos 1930 ficava abaixo dos 30 anos de idade, passou para 41 anos na década de 1950, para 60 anos na década de 1970 e alcançou os 70 anos em 2000. O número médio de filhos da média das mulheres (a taxa total de fertilidade) caiu de mais de 6 nos anos 1950 para 2,7 no final dos anos 1970 – antes mesmo da política do filho único em 1980. Como na URSS, a baixa fertilidade provavelmente decorreu da escolarização das mulheres e da possibilidade de terem um emprego remunerado.

Por mais que os historiadores apontem, em última análise, a importância da herança do planejamento, da reforma das instituições, da política econômica sensata e de uma cultura propícia, a China está completando um ciclo histórico. Se o país crescer nos próximos trinta anos à mesma velocidade com que vem crescendo desde 1978, ele alcançará o Ocidente. A China se tornará a maior nação manufatureira do mundo, como era antes das viagens de Cristóvão Colombo e Vasco da Gama. O mundo fechará o círculo completo.

Epílogo

A China está em vias de alcançar o Ocidente; mas e a África, a América Latina e o restante da Ásia? A renda *per capita* nos países ricos cresce cerca de 2% ao ano e, assim, os países precisam crescer mais do que isso para cobrir a distância. Muitos países pobres na Ásia e na América Latina teriam de crescer 4,3% *per capita* ao ano para alcançar os países ricos em sessenta anos. Para que isso aconteça, o PIB total teria de crescer pelo menos 6% ao ano durante sessenta anos. Muitos países mais pobres, como vários na África subsaariana, teriam de crescer ainda mais depressa ou levariam mais tempo para se emparelhar.

Pouquíssimos países sustentaram um crescimento tão rápido por um período longo. Entre 1955 e 2005, foram apenas dez. Omã, Botsuana e Guiné Equatorial são casos especiais, pois nesse período foram descobertas grandes reservas de diamante ou petróleo. Singapura e Hong Kong são cidades-estado, o que os faz especiais na medida em que não havia nenhum setor rural camponês para inundar a cidade de imigrantes quando houve aumento dos investimentos. Em tal caso, os salários poderiam aumentar junto com a demanda de mão de obra e se difundiria a prosperidade. Os casos interessantes são os países com amplos setores agrícolas – Japão, Coreia do Sul, Taiwan, Tailândia e China. Também é possível acrescentar a União Soviética, pois a renda *per capita* cresceu 4,5% ao ano de 1928 a 1970, excluindo-se a década da Segunda Guerra Mundial.

Esses países precisavam vencer a distância em relação ao Ocidente em três aspectos: na escolaridade, no capital e na produtividade. O ensino de massa foi atendido e uma ou outra forma de industrialização venceu a distância quanto ao capital e à produtividade. Adotaram-se tecnologias de larga escala e de capital intensivo, mesmo quando não eram imediatamente rentáveis. Esses países evitaram as ineficiências que a América Latina sofreu ao tentar enfiar tecnologia moderna à força em pequenas economias ou porque eram de dimensões suficientes para absorver a produção de indústrias eficientes ou porque tiveram acesso ao mercado dos Estados Unidos em detrimento da produção estadunidense.

No entanto, qual das várias iniciativas empreendidas por esses países teve maior eficiência ainda é tema de inúmeros debates. Aliás, não está muito claro se as políticas econômicas de sucesso podem ser transplantadas para outros países. Assim, continua-se a discutir muito qual seria a melhor política econômica para se ter um desenvolvimento econômico.

REFERÊNCIAS BIBLIOGRÁFICAS

Capítulo 1: A grande divergência

Pelsaert: Tapan Raychaudhuri e Irfan Habib, *The Cambridge Economic History of India*, vol. I, *c. 1200-c. 1750* (Cambridge University Press, 1982), p. 462.

Dr. Johnson sobre a aveia: Samuel Johnson, *A Dictionary of the English Language* (1755).

Linha de pobreza, $1 por dia: Banco Mundial, *World Development Report: Poverty* (Oxford University Press, 1990); e Martin Ravallion, Datt Gaurav e Dominique van de Walle, "Quantifying Absolute Poverty in the Developing World", *Revue of Income and Wealth*, 37 (1991): 345-61.

Soldados italianos: Brian A'Hearn, "Anthropometric Evidence on Living Standards in Northern Italy, 1730-1860", *Journal of Economic History*, 63 (2003): 351-81.

Jardineiro de Ealing: Sir Frederick Eden, *The State of the Poor* (J. Davis, 1797), vol. II, p. 433-5.

Capítulo 3: A Revolução Industrial

Eficiência dos agricultores em países pobres: T. W. Schultz, *Transforming Traditional Agriculture* (Yale University Press, 1964); R. A. Berry e W. R. Cline, *Agrarian Structure and Productivity in Developing Countries* (Johns Hopkins University Press, 1979); Robert C. Allen, *Enclosure and the Yeoman* (Oxford University Press, 1992).

Carga tributária na França e na Grã-Bretanha: P. Mathias e P. K. O'Brien, "Taxation in England and France, 1715-1810", *Journal of European Economic History*, 5 (1976): 601-50.

Provença: J.-L. Rosenthal, "The Development of Irrigation in Provence", *Journal of Economic History*, 50 (setembro de 1990): 615-38.

Poder despótico do Parlamento: Julian Hoppit, "Patterns of Parliamentary Legislation, 1660-1800", *The History Journal*, 39 (1996): 126.

Feitiçaria e Bíblia: John Wesley, *Journal*, 21 de maio de 1768.

Hobsbawm sobre o algodão: Eric Hobsbawm, *Industry and Empire* (Weidenfeld & Nicolson, 1969), p. 56.

Desaguliers sobre o motor de Newcomen: John Theophilus Desaguliers, *A Course of Experimental Philosophy* (John Senex, 1734-44), vol. II, p. 464-5.

Energia a vapor e aumento da produtividade: N. F. R. Crafts, "Steam as a General Purpose Technology: A Growth Accounting Perspective", *Economic Journal*, 114 (495) (2004): 338-51.

Capítulo 5: Os grandes impérios

Custos de 1812 na Inglaterra e na Índia: Edward Baines, *History of the Cotton Manufacture in Great Britain* (H. Fisher, R. Fisher e P. Jackson, 1835), p. 353. *First Report from the Select Committee on the Affairs of the East India Company (China Trade)*, Reino Unido, Câmara dos Comuns, 1830 (644), depoimentos de Mr. John Kennedy e Mr. H. H. Birley, perguntas 4.979-5.041.

Declínio da tecelagem em Bihar: Amiya Kumar Bagchi, "Deindustrialization in Gangetic Bihar, 1809-1901", in Barun De (org.), *Essays in Honour of Professor S. C. Sakar* (Nova Délhi, People's Publishing House, 1976), p. 499-523.

Martin e Brocklehurst: Câmara dos Comuns do Reino Unido, *Report from the Select Committee on East India Produce*, 1840 (527), pergunta 3.920.

Capítulo 6: As Américas

Cultivo do milho no leste da América do Norte: Bruce D. Smith, *The Emergence of Agriculture* (Scientific American Library, 1998), p. 145-81, 200; e Bruce G. Trigger, *The Children of Aataentsic: A History of the Huron People to 1660* (McGill-Queen's University Press, 1987), p. 119-26.

Declínio da população nativa: Russell Thornton, *American Indian Holocaust and Survival: A Population History since 1492* (University of Oklahoma Press, 1987), p. 25, 57, 133.

Populações nativas do México e dos Andes: Mark A. Burkholder e Lyman L. Johnson, *Colonial Latin America*, 2ª ed. (Oxford University Press, 1994), p. 264; e James Lockhard e Stuart B. Schwartz, *Early Latin America: A History of Colonial Spanish America and Brazil* (Cambridge University Press, 1983), p. 338.

14.697: Thornton, *American Indian Holocaust*, p. 29, 162-3.

A citação sobre Deus e a epidemia de 1617-19 foi extraída de John Eliot, *New England's First Fruits* (Henry Overton, 1643), p. 12.

A citação sobre a confecção de tecidos foi extraída de Edward Johnson, *The Wonder-Working Providence of Sions Saviour, in New England, 1628-1651*, Livro II, Capítulo XXI, em http://puritanism.online.fr/ (acessado em 4 de abril de 2011).

Percentual de exportações no PIB da Pensilvânia: as exportações somam a estimativa de época feita por Proud, £700.000 por ano para 1771-3 e £161.000, que equivalem a 64% das estimativas das receitas médias anuais com as remessas marítimas e as receitas invisíveis das colônias médio-atlânticas para 1768-72, in James F. Shepherd e Gary M. Walton, *Shipping, Maritime Trade, and the Economic Development of Colonial North America* (Cambridge University Press, 1972), p. 128, 134. Em 1765-7 e 1772, 64% da tonelagem desembarcada em Nova York e na Pensilvânia vinham daquelas últimas. A estimativa das exportações feita por Proud ultrapassa a de Shepherd e Walton. O PIB é igual à população de 240.100 em 1770 vezes £12 *per capita*.

PIB e exportações da Jamaica em 1832: Gisela Eisner, *Jamaica, 1830-1930: A Study in Economic Growth* (Manchester University Press, 1961), p. 25.

Exportações de couros e cedro da Carolina do Sul: cit. John J. McCusker e Russell R. Mennard, *The Economy of British North America* (University of North Carolina Press, 1985), p. 171.

Produtividade do arroz da Carolina: Marc Egnal, *New World Economies: The Growth of the Thirteen Colonies and Early Canada* (Oxford University Press, 1998), p. 105-106.

Proporção de 30% entre exportações e renda: exportações *per capita* extraídas de Peter A. Coclanis, *The Shadow of a Dream: Economic Life and Death in the South Carolina*

Low Country, 1670-1920 (Oxford University Press, 1989), p. 75, e renda *per capita* (seu alto valor) extraída de Alice Hanson Jones, *Wealth of a Nation To Be: The American Colonies on the Eve of the Revolution* (Arno Press, 1980), p. 63.

Agricultores da fronteira e aquisição de bens de consumo: McCusker e Mennard, *British North America*, p. 175, 180-181.

Metade da terra no vale do México: Charles Gibson, *The Aztecs under Spanish Rule: A History of the Indians of the Valley of Mexico, 1519-1810* (Stanford University Press, 1964), p. 277.

Peles de foca da Colúmbia Britânica: Alexander von Humboldt, *Political Essay on the Kingdom of New Spain*, trad. John Black (Londres, 1822), vol. II, p. 311, 320.

Estrada de Vera Cruz à Cidade do México: Von Humboldt, *Political Essay*, Vol. IV, p. 8-9.

Emprego nas minas: Peter Bakewell, "Mining in Colonial Spanish America", in *The Cambridge History of Latin America*, Vol. II, org. Leslie Bethell (Cambridge University Press, 1984), p. 127-8, e Enrique Tandeter, *Coercion and Market: Silver Mining in Colonial Potosi, 1692-1826* (University of New Mexico Press, 1993), p. 16.

A participação de 4% das exportações no PIB mexicano em 1800 foi extraída de John H. Coatsworth, "The Decline of the Mexican Economy, 1800-1860", in *América Latina en la época de Simón Bolivar: la formación de las economías latinoamericanas y los intereses económicos europeos, 1800-1850*, org. Reinhart Liehr (Berlim, Colloquium Verlag, 1989), p. 51.

Distribuição de renda do México em 1790: Branko Milanovic, Peter H. Lindert e Jeffrey G. Williamson, "Measuring Ancient Inequality", Cambridge, MA, National Bureau of Economic Research, Working Paper 13550, http://www.nber.org/papers/13550.pdf, 2007, p. 60.

Porte das indústrias nacionais de algodão nos anos 1850: Robert C. Allen, *The British Industrial Revolution in Global Perspective* (Cambridge University Press, 2009), p. 211.

Participação das exportações no PIB dos EUA, 1800-60: Susan B. Carter, Scott Sigmund Gartner, Michael R. Haines, Alan L. Olmstead, Richard Sutch e Gavin Wright, *Historical Statistics of the United States*, edição do milênio, online (Cambridge University Press), séries Ca10 e Ee366.

Desindustrialização em Puebla: Von Humboldt, *Political Essay*, Vol. III, p. 469.

Escolaridade e cultura científica no México: Von Humboldt, *Political Essay*, Vol. I, p. 212, 216, 223.

Capítulo 7: A África

Congo francês: Jacqueline M. C. Thomas, *Les Ngbaka de la Lobaye: le dépeuplement rural chez une population forestière de la République Centrafricaine* (Mouton, 1963), p. 258-271, 417-9.

Espíritos dos comerciantes: Mary Kingsley, *Travels in West Africa* (National Geographic Society, 2002; publicado originalmente em 1897), p. 36.

Maiores caldeirões: Harold A. Innis, *The Fur Trade in Canada: An Introduction to Canadian Economic History* (University of Toronto Press, 1999; publicado originalmente em 1930), p. 18.

O gracejo do micmac: Padre Chrestien Le Clerc, em seu *New Relation of Gaspesia*, trad. e ed. W. F. Ganong (The Champlain Society, 1910), p. 277.

Carta de Alfonso I: cit. In Adam Hochschild, *King Leopold's Ghost: A Story of Greed, Terror, and Heroism in Colonial Africa* (Houghton Mifflin, 1998), p. 13.

Testemunho de Swanzy: Reino Unido, Câmara dos Comuns, *Report from the Select Committee on the West Coast of Africa*; com as atas dos depoimentos, apêndice e índice remissivo. Parte I, *Report and Evidence*, Parliamentary Papers (1842), Vols. XI, XII, perguntas 467 e 468.

Hectares de dendezais na Nigéria: Kenneth F. Kiple e Kriemhild Coneè Ornelas (orgs.), *The Cambridge World History of Food* (Cambridge University Press, 2000), seção II.E.3, óleo de palma.

Observação do reverendo Casalis: R. C. Germond (org.), *Chronicles of Basutoland: A Running Commentary on the*

Events of the Years 1830-1902 by the French Protestant Missionaries in Southern Africa (Morija Sesuto Book Depot, 1967), p. 267.

Rentabilidade da extração do óleo de palma: calculada a partir de Eric L. Hyman, "An Economic Analysis of Small-Scale Technologies for Palm Oil Extraction in Central and West Africa", *World Development*, 18 (1990): 455-76.

Machel, "Morra a tribo": cit. in Mahmood Mamdani, *Citizen and Subject* (Princeton University Press, 1996), p. 135.

Capítulo 8: O modelo padrão e a industrialização tardia

Homens baixos no Japão de Tokugawa: Akira Hayami, Osamu Saitô e Ronald P. Toby (orgs.), *Emergence of Economic Society in Japan, 1600-1859* (Oxford University Press, 2004), p. 235-8.

Aluguel de livros em Edo: Hayami et al., *Emergence*, p. 28, 241.

MES: James Montgomery, *A Practical Detail of the Cotton Manufacture of the United States of America* (Glasgow, 1840); J. P. Lesley, *The Iron Manufacturer's Guide to the Furnaces, Forges and Rolling Mills of the United States* (Nova York, 1859); D. G. Rhys, *The Motor Industry: An Economic Survey* (Butterworths, 1972); Jack Baranson, *Automotive Industries in Developing Countries* (World Bank, 1969); Rich Kronish e Kenneth S. Mericle (orgs.), *The Political Economy of the Latin American Motor Vehicle Industry* (MIT Press, 1984); John P. Tuman e John T. Morris (orgs.), *Transforming the Latin American Automobile Industry: Unions, Workers, and the Politics of Restructuring* (M. E. Sharpe, 1998); Relatório das Nações Unidas, *A Study of the Iron and Steel Industry in Latin America* (United Nations, 1954).

Capítulo 9: A industrialização do Grande Impulso

Gracejo de Lênin: V. I. Lenin, "Report on the Work of the Council of People's Commissars", VIII Congresso dos Sovietes de Toda a Rússia, 22 de dezembro de 1920, *Collected Works*, trad. e ed. Julius Katzer, Vol. 31, p. 516.

Alturas em 1891 e 1976: Takafusa Nakamura, *The Postwar Japanese Economy: Its Development and Structure* (University of Tokyo Press, 1981), p. 96.

Leituras complementares

Capítulo 1: A grande divergência

SMITH, Adam. *A riqueza das nações*, trad. Alexandre Amaral Rodrigues e Eunice Ostrensky. São Paulo: WMF, 2003.

HOBSBAWM, Eric. *A era das revoluções, 1789-1848*, trad. Maria Tereza Lopes Teixeira e Marcos Penchel. Rio de Janeiro: Paz e Terra, 1976.

HOBSBAWM, Eric. *A era do capital, 1848-1875*, trad. Luciano Costa. Rio de Janeiro: Paz e Terra, 1977.

HOBSBAWM, Eric. *A era dos impérios, 1875-1914*, trad. Sieni Maria Campos e Yolanda Steidel de Toledo. Rio de Janeiro: Paz e Terra, 1988.

HOBSBAWM, Eric. *A era dos extremos: o breve século XX*, trad. Marcos Santarrita. São Paulo: Companhia das Letras, 1995.

MADDISON, Angus. *The World Economy*. França: OECD, 2006.

PRITCHETT, Lane. "Divergence, Big Time", *Journal of Economic Perspectives*, 11 (1997): 3-17.

MILANOVIC, Branko. *Worlds Apart: Measuring International and Global Inequality*. Nova Jersey: Princeton University Press, 2005.

FOGEL, Robert W. *The Escape from Hunger and Premature Death, 1700-2100*. Cambridge: Cambridge University Press, 2004.

Capítulo 2: A ascensão do Ocidente

DIAMOND, Jared. *Armas, germes e aço*, trad. Sílvia de Souza Costa. Rio de Janeiro: Record, 2001.

JONES, Eric. *The European Miracle*. Cambridge: Cambridge University Press, 1981.

BLAUT, J. M. *The Colonizer's Model of the World*. Nova York: Guilford Press, 1993.

ROBINSON, James; ACEMOGLU, Daron. *Why Nations Fail*. Nova York: Crown, 2011.

NORTH, Douglas. *Institutions, Institutional Change, and Economic Performance*. Cambridge: Cambridge University Press, 1990.

VRIES, Jan de. *The Industrious Revolution: Consumer Behaviour and the Household Economy, 1650 to the Present*. Cambridge: Cambridge University Press, 2008.

UNGER, Richard W. *The Ship in the Medieval Economy: 600-1600*. Croom Helm, 1980.

INIKORI, Joseph E. *Africans and the Industrial Revolution in England: A Study in International Trade and Economic Development*. Cambridge: Cambridge University Press, 2002.

WEBER, Max. *A ética protestante e o "espírito" do capitalismo*, trad. José Marcos Mariani de Macedo. São Paulo: Companhia das Letras, 2004.

PUTNAM, Robert. *Comunidade e democracia: a experiência da Itália moderna*, trad. Luiz Alberto Monjardim. Rio de Janeiro: FGV, 1993.

ZANDEN, Jan Luiten van. *The Long Road to the Industrial Revolution: The European Economy in a Global Perspective, 1000-1800*. Leiden: Brill, 2009.

NORTH, D. C.; WEINGAST, B. R. "Constitutions and Commitment: Evolution of Institutions Governing Public Choice in Seventeenth Century England", *Journal of Economic History*, 49 (1989): 803-832.

LONG, J. Bradford De; SCHLEIFER, Andrei. "Princes and Merchants: European City Growth before the Industrial Revolution", *Journal of Law and Economics*, 36 (1993): 671-702.

ACEMOGLU, Daron; JOHNSON, Simon; ROBINSON, James. "The Rise of Europe: Atlantic Trade, Institutional Change, and Economic Growth", *American Economic Review*, 95(3) (2005): 546-79.

ALLEN, Robert C. "Poverty and Progress in Early Modern Europe", *Economic History Review*, LVI(3) (agosto de 2003): 403-43.

DRELICHMAN, Mauricio. "The Curse of Montezuma: American Silver and the Dutch Disease", *Explorations in Economic History*, 42 (2005): 349-80.

Capítulo 3: A Revolução Industrial

ALLEN, Robert C. *The British Industrial Revolution in Global Perspective*. Cambridge: Cambridge University Press, 2009.

MOKYR, Joel. *The Enlightened Economy: An Economic History of Britain, 1700-1850*. Connecticut: Yale University Press, 2010, apresenta outra interpretação, além de um amplo exame de várias questões.

CRAFTS, Nick. *British Economic Growth during the Industrial Revolution*. Gloucestershire: Clarendon Press, 1985.

HUMPHRIES, Jane. *Childhood and Child Labour in the British Industrial Revolution*. Cambridge: Cambridge University Press, 2010.

ENGELS, Friedrich. *A situação da classe trabalhadora na Inglaterra*, trad. Reginaldo Forti e Rosa Camargo Artigas. São Paulo: Global, 1985.

DEANE, Phyllis; COLE, W. A. *British Economic Growth, 1688-1959: Trends and Structure*, 2a. ed. Cambridge: Cambridge University Press, 1969.

HARLEY, Knick. "British Industrialization before 1841: Evidence of Slower Growth during the Industrial Revolution", *Journal of Economic History*, 42(1982): 267-89.

TEMIN, Peter. "Two Views of the British Industrial Revolution", *Journal of Economic History*, 57(1997): 63-82.

Capítulo 4: O crescimento dos países ricos

BROADBERRY, Stephen; O'Rourke, Kevin. *The Cambridge Economic History of Modern Europe*. Cambridge: Cambridge University Press, 2010.

LANDES, David S. *Prometeu desacorrentado*, trad. Vera Ribeiro. Rio de Janeiro: Nova Fronteira, 1994.

O'BRIEN, Patrick K.; Keyder, C. *Economic Growth in Britain and France, 1780-1914: Two Paths to the Twentieth Century*. Crows Nest: Allen & Unwin, 1978.

GERSCHENKRON, Alexander. *Economic Backwardness in Historical Perspective*. Cambridge, Massachusetts: Harvard University Press, 1962.

CHANG, Ha-Joon. *Chutando a escada: a estratégia de desenvolvimento em perspectiva histórica*, trad. Luiz Antonio Oliveira de Araújo. São Paulo: Unesp, 2004.

O'ROURKE, Kevin. "Tariffs and Growth in the Late Nineteenth Century", *Economic Journal*, 110(463) (2000): 456-83.

ALLEN, Robert C. "Technology and the Great Divergence", Universidade de Oxford, Depto. de Economia, Comunicação 548, *Explorations in Economic History* (2012).

BECKER, Sascha; WOESSMANN, Ludger. "Was Weber Wrong? A Human Capital Theory of Protestant Economic History", *Quarterly Journal of Economics*, 124 (2009): 531-96.

Capítulo 5: Os grandes impérios
A Escola da Califórnia inclui:

POMERANZ, Kenneth. *The Great Divergence: China, Europe, and the Making of the Modern World Economy*. Nova Jersey: Princeton University Press, 2000.

LI, Bozhong. *Agricultural Development in Jiangnan, 1620-1850*. Macmillan, 1998.

WONG, R. Bin. *China Transformed*. Nova York: Cornell University Press, 1997.

LEE, James; FENG, Wang. *One Quarter of Humanity: Malthusian Mythology and Chinese Realities, 1700-2000*. Cambridge, Massachusetts: Harvard University Press, 1999.

GOLDSTONE, Jack. *Why Europe? The Rise of the West in World History 1500-1850* (McGraw-Hill Higher Education, 2008).

MARKS, Robert. *The Origins of the Modern World: Fate and Fortune in the Rise of the West*. Lanham: Rowman & Littlefield, 2006.

TEMIN, Peter. *The Economics of Antiquity*. Nova Jersey: Princeton University Press, 2012.

Globalização e desindustrialização

FINDLAY, Ronald; O'ROURKE, Kevin. *Power and Plenty: Trade, War, and the World Economy in the Second Millennium*. Nova Jersey: Princeton University Press, 2007.

WILLIAMSON, Jeffrey G. *Trade and Poverty: When the Third World Fell Behind*. Cambridge, Massachusetts: MIT Press, 2011.

BAYLY, C. A. *Imperial Meridian: The British Empire and the World, 1780-1830*. Harlow: Longman, 1989.

CHAUDHURI, K. N. *Trade and Civilization in the Indian Ocean*. Cambridge: Cambridge University Press, 1985.

ROY, Tirthanakar. *The Economic History of India, 1857-1947*. Oxford: Oxford University Press, 2006.

HEADRICK, Daniel R. *The Tentacles of Progress: Technology Transfer in the Age of Imperialism, 1850-1940*. Oxford: Oxford University Press, 1988.

HANNA, Nelly. *Making Big Money in 1600: The Life and Times of Isma'il Abu Taqiyya, Egyptian Merchant*. Nova York: Syracuse University Press, 1988.

BRENNER, Robert. *Property and Progress: The Historical Origins and Social Foundations of Self-Sustaining Growth*. Verso, 2009.

DARWIN, John. *After Tamerlane: The Rise and Fall of Global Empires, 1400-2000*. Penguin, 2008.

ANDERSON, Perry. *Passagens da antiguidade ao feudalismo*, trad. Beatriz Sidou. São Paulo: Brasiliense, 1987.

FERGUSON, Niall. *Império: como os britânicos fizeram o mundo moderno*, trad. Marcelo Musa Cavallari. Rio de Janeiro: Planeta, 2010.

WICKHAM, Chris. *The Inheritance of Rome*. Londres: Penguin, 2010.

Capítulo 6: As Américas

SMITH, Bruce D. *The Emergence of Agriculture*. Nova York: Scientific American Library, 1998.

THORNTON, Russell. *American Indian Holocaust and Survival: A Population History since 1492*. Oklahoma: University of Oklahoma Press, 1987.

ELLIOTT, J. H. *Empires of the Atlantic World: Britain and Spain in America, 1492-1830*. Connecticut: Yale University Press, 2006.

INNIS, Harold A. *The Fur Trade in Canada*. Connecticut: Yale University Press, 1930.

ENGERMAN, Stanley L.; SOKOLOFF, Kenneth L. *Economic Development in the Americas since 1500: Endowments and Institutions*. Cambridge: Cambridge University Press, 2012.

MCCUSKER, John J.; MENARD, Russell R. *The Economy of British America, 1607-1789*. Chapel Hill: University of North Carolina Press, 1985.

CARLOS, Ann; LEWIS, Frank. *Commerce by a Frozen Sea: Native Americans and the European Fur Trade*. Philadelphia: University of Pennsylvania Press, 2010.

EGNAL, Marc. *New World Economics: The Growth of the Thirteen Colonies and Early Canada*. Oxford: Oxford University Press, 1998.

COCLANIS, Peter A. *The Shadow of a Dream: Economic Life and Death in the South Carolina Low Country: 1670-1920*. Oxford: Oxford University Press, 1989.

ROTHENBERG, Winifred Barr. *From Market-Places to the Market Economy: The Transformation of Rural Massachusetts, 1750-1850*. Chicago: University of Chicago Press, 1992.

Sobre a tecnologia nos Estados Unidos

HABAKKUK, H. J. *American and British Technology in the Nineteenth Century*. Cambridge: Cambridge University Press, 1962.

DAVID, Paul A. *Technical Choice, Innovation, and Economic Growth: Essays on American and British Experience in the Nineteenth Century*. Cambridge: Cambridge University Press, 1975.

TEMIN, Peter. "Labor Scarcity and the Problem of American Industrial Efficiency in the 1850s", *Journal of Economic History*, 26 (1966): 277-98.

TEMIN, Peter. "Notes on Labor Scarcity in America", *Journal of Interdisciplinary History*, 1 (1971): 251-64.

HOUNSHELL, David A. *From the American System to Mass Production, 1800-1932*. Baltimore: Johns Hopkins University Press, 1984.

WRIGHT, Gavin. "The Origins of American Industrial Success, 1879-1940", *American Economic Review*, 80(1990): 651-68.

NELSON, Richard R.; WRIGHT, Gavin. "The Rise and Fall of American Technological Leadership: The Postwar Era in Historical Perspective", *Journal of Economic Literature*, 30(1992): 1931-64.

LAMOREAUX, Naomi R.; RAFF, Daniel M. G.; TEMIN, Peter (orgs.). *Learning by Doing in Markets, Firms, and Countries*. Chicago: University of Chicago Press, 1999.

OLMSTEAD, Alan; ROHDE, Paul. *Creating Abundance: Biological Innovation and American Agricultural Development*. Cambridge: Cambridge University Press, 2008.

Sobre a dinâmica econômica da escravidão

FOGEL, Robert; ENGERMAN, Stanley. *Time on the Cross: The Economics of American Negro Slavery*. Boston: Little, Brown and Company, 1974.

DAVID, Paul A.; GUTMAN, Herbert G.; SUTCH, Richard; TEMIN, Peter; WRIGHT, Gavin. *Reckoning with Slavery*. Oxford: Oxford University Press, 1976.

RANSOM, Roger; SUTCH, Richard. *One Kind of Freedom: The Economic Consequences of Emancipation*. Cambridge: Cambridge University Press, 1977.

WRIGHT, Gavin. *Old South, New South: Revolutions in the Southern Economy since the Civil War*. Nova York: Basic Books, 1986.

Sobre a América Latina

BURKHOLDER, Mark A.; JOHNSON, Lyman L. *Colonial Latin America*, 2a. ed. Oxford: Oxford University Press, 1994.

LOCKHART, James; SCHWARTZ, Stuart B. *A América Latina na época colonial*, trad. Maria Beatriz de Medina. Rio de Janeiro: Civilização Brasileira, 2002.

GIBSON, Charles. *The Aztecs under Spanish Rule*. Palo Alto: Stanford University Press, 1964.

KNIGHT, Alan. *Mexico: The Colonial Era*. Cambridge: Cambridge University Press, 2002.

COATSWORTH, John H. "Obstacles to Economic Growth in Nineteenth Century Mexico", *The American Historical Review*, 83(1978): 80-100.

BULMER-THOMAS, Victor; COATSWORTH, John; CONDE, Roberto Cortés (orgs.). *The Cambridge Economic History of Latin America*. Cambridge: Cambridge University Press, 2006.

Capítulo 7: A África

DOMAR, E. "The Causes of Slavery and Serfdom: A Hypothesis", *Journal of Economic History*, 30(1970): 18-32.

RODNEY, Walter. *Como a Europa subdesenvolveu a África*, trad. Edgar Vales. Lisboa: Seara Nova, 1975.

COLLIER, Paul. *The Bottom Billion*. Oxford: Oxford University Press, 2008.

BATES, Robert H. *Beyond the Miracle of Market: The Political Economy of Agrarian Development in Kenya*. Cambridge: Cambridge University Press, 1989.

RUTHENBERG, Hans. *Farming Systems in the Tropics*, 2a. ed. Gloucestershire: Clarendon Press, 1976.

BOSERUP, Ester. *The Conditions of Agricultural Growth*. Crows Nest: Allen & Unwin, 1965.

FEINSTEIN, Charles H. *An Economic History of South Africa: Conquest, Discrimination and Development*. Cambridge: Cambridge University Press, 2005.

O'FAHEY, R. S. *The Darfur Sultanate: A History*. Londres: Hurst, 2008.

DUMONT, Roland; DANSI, Alexandre; VERNIER, Philippe; ZOUNDJIHÈKPON, Jeanne. *Biodiversity and Domestication of Yams in West Africa: Traditional Practices Leading to Dioscorea Rotundata Poir*. Paris: CIRAD, 2005.

DEATON, Angus. "Commodity Prices and Growth in Africa", *Journal of Economic Perspectives*, 13(1999): 23-40.

AMANOR, Kojo Sebastian. *The New Frontier: Farmers' Response to Land Degradation, A West African Study*. UNRSID, 1994.

AMANOR, Kojo Sebastian; MOYO, Sam (orgs.). *Land and Sustainable Development in Africa*. Londres: Zed Books, 2008.

RANGER, Terence. "A invenção da tradição na África Colonial", in Eric Hobsbawm e Terence Ranger (orgs.). *A invenção da tradição*, trad. Celina Cardim Cavalcanti. Rio de Janeiro: Paz e Terra, 1984.

PACKARD, Randall M. *The Making of a Tropical Disease: A Short History of Malaria*. Baltimore: Johns Hopkins University Press, 2007.

HAVINDEN, Michael; MEREDITH, David. *Colonialism and Development: Britain and its Tropical Colonies, 1850-1960*. Londres: Routledge, 1993.

SAHLINS, Marshall. *Stone Age Economics*. Aldine de Gruyter, 1972.

MCCANN, James C. *Maize and Grace: Africa's Encounter with a New World Crop, 1500-2000*. Cambridge, Massachusetts: Harvard University Press, 2005.

HOPKINS, A.G. *An Economic History of West Africa*. Harlow: Longman, 1973.

VANSINA, Jan. *Paths in the Rainforests: Toward a History of Political Tradition in Equatorial Africa*. Melton: Currey, 1990.

MAMDANI, Mahmood. *When Victims Become Killers: Colonialism, Nativism, and the Genocide in Rwanda*. Nova Jersey: Princeton University Press, 2001.

MANNING, Patrick. *Slavery and African Life*. Cambridge: Cambridge University Press, 1990.

MAMDANI, Mahmood. *Citizen and Subject: Contemporary Africa and the Legacy of Late Colonialism*. Nova Jersey: Princeton University Press, 1996.

HILL, Polly. *The Migrant Cocoa Farmers of Southern Ghana: A Study in Rural Capitalism*. Cambridge: Cambridge University Press, 1963.

AUSTIN, Gareth. *Labour, Land and Capital in Ghana: From Slavery to Free Labour in Asante, 1807-1956*. Nova York: University of Rochester Press, 2005.

NDULU, Benno J.; O'CONNELL, Stephen A.; BATES, Robert H.; COLLIER, Paul; SOLUDO, Chukwuma C. *The Political Economy of Economic Growth in Africa, 1960-2000*. Cambridge: Cambridge University Press, 2008.

HELLEINER, Gerald K. *Peasant Agriculture, Government, and Economic Growth in Nigeria*. Richard D. Irwin, 1966.

Capítulo 8: O modelo padrão e a industrialização tardia

GATRELL, Peter. *The Tsarist Economy: 1850-1917*. Londres: St Martin's Press, 1986.

FALKUS, M. E. *The Industrialisation of Russia: 1700-1914*. Economic History Society, 1972.

HANLEY, Susan B.; YAMAMURA, Kozo. *Economic and Demographic Change in Pre-Industrial Japan, 1600-1868*. Nova Jersey: Princeton University Press, 1977.

HAYAMI, Akira; SAITÔ; Osamu; ROBY, Ronald P. (orgs.). *Emergence of Economic Society in Japan, 1600-1859*. Oxford: Oxford University Press, 1999.

SMITH, Thomas C. *The Agrarian Origins of Modern Japan*. Palo Alto: Stanford University Press, 1959.

MORRIS-SUZUKI, Tessa. *The Technological Transformation of Japan from the Seventeenth to the Twenty-First Century*. Cambridge: Cambridge University Press, 1994.

UTSUKA, Keijiro; RANIS, Gustav; SAXONHOUSE, Gary. *Comparative Technology Choice in Development: The*

Indian and Japanese Cotton Textile Industries. Londres: St Martin's Press, 1988.

HAYAMI, Yujiro; RUTTAN, Vernon W. *Agricultural Development: An International Perspective*. Baltimore: Johns Hopkins University Press, 1971.

BULMER-THOMAS, Victor. *An Economic History of Latin America since Independence*. Cambridge: Cambridge University Press, 1994.

THORP, Rosemary. *Progress, Poverty and Exclusion: An Economic History of Latin America in the 20th Century*. Banco Interamericano de Desenvolvimento, 1988.

Capítulo 9: O Grande Impulso na industrialização

ALLEN, Robert C. *Farm to Factory: A Reinterpretation of the Soviet Industrial Revolution*. Nova Jersey: Princeton University Press, 2003.

HUNTER, Holland; SZYERMER, Janusz M. *Faulty Foundations: Soviet Economic Policies: 1928-1940*. Nova Jersey: Princeton University Press, 1992.

DAVIES, R. W.; HARRISON, Mark; WHEATCROFT, S. G. *The Economic Transformation of the Soviet Union, 1913-1945*. Cambridge: Cambridge University Press, 1994.

Banco Mundial. *East Asian Miracle: Economic Growth and Public Policy*. Oxford: Oxford University Press, 1993.

HOWE, Christopher. *The Origins of Japanese Trade Supremacy*. Chicago: University Chicago Press, 1996.

JOHNSON, Chalmers A. *MITI and the Japanese Miracle: The Growth of Industrial Policy: 1925-1975*. Palo Alto: Stanford University Press, 1982.

AMSDEN, Alice H. *A ascensão do "resto": os desafios ao Ocidente de economias com desenvolvimento tardio*, trad. Roger Maiole dos Santos. São Paulo: Unesp, 2009.

NAUGHTON, Barry. *The Chinese Economy: Transitions and Growth*. Cambridge, Massachusetts: MIT Press, 2007.

BRANDT, Loren; RAWSKI, Thomas G. (orgs.). *China's Great Economic Transformation*. Cambridge: Cambridge University Press, 2008.

ÍNDICE REMISSIVO

A

absolutismo, monarquias 25-26, 101, 144
aço 38, 57-59, 78, 156, 158, 164-166, 168-169
açúcar 10, 20, 22, 40, 86-87, 89-90, 141
África 9-11, 13, 43-44, 86, 110-113, 116-120, 122-124, 126-128, 131-134, 136-137, 145, 168, 176
África do Norte 13, 67
África do Sul 30, 127-128
África subsaariana 13-14, 21, 110-112, 126, 176
agricultura, *ver* lavoura e agricultura
Alamán, Lucas 103-104
Alemanha 10, 17, 32, 36, 53-56, 58-60, 63, 65, 77, 103, 139, 151
Alexandre II, czar da Rússia 138
Alfonso I, rei do Congo 119
algodão 19, 38, 44-46, 48-49, 56, 58, 69-77, 96-101, 103, 116, 118, 120-122, 126, 139, 141, 148-149, 154, 161
altos-fornos 24, 57
altura 22, 142, 166
América do Norte
    ver também países e locais específicos 10, 53, 79, 81-82, 90, 92, 94, 118, 124, 129, 133, 138, 145, 156

América do Sul
    ver também países e locais específicos 79-81, 156
América Latina
    ver também países e locais específicos 12, 14, 35, 80, 89-90, 94, 101, 108-109, 152-157, 164, 168, 176-177
Américas
    ver também países e locais específicos 9-10, 19, 29-30, 79-80, 112-113, 119, 122
Andes 80-81, 89-90, 93, 95, 109, 152
Angola 123
apartheid 128
Argentina 12, 89-90, 152-153, 155
aritmética 25, 37, 111, 117
Arkwright, Richard 45-47, 56
armadas, forças 150
armamentos 59
arroz 18, 31, 69, 87-88, 96, 141-142, 149, 171
Ásia
    ver também países e locais específicos 9-10, 13-15, 21, 27-28, 30, 43-44, 53, 67, 69-70, 76, 92, 112-113, 119, 132, 145, 168, 171, 176
asteca, império 29
Áustria 32, 36, 42-43
automóveis 60, 150, 155, 158, 165-166, 168

195

B

bancos 10, 55-56, 105, 126, 138, 146, 150, 154
bancos de desenvolvimento 154
bancos de investimento 63, 71, 77, 146
bancos nacionais 104
bancos privados 56, 139
    capital 11, 21, 30, 42-43, 45, 47, 50, 55-56, 61-63, 65-66, 68-69, 83, 86, 94, 100, 104, 132, 134, 139, 141-142, 147-151, 154, 157, 159, 161, 163-167, 169, 172-173, 176-177
Bangladesh 78
Bélgica 32, 34, 36-37, 56, 58, 135, 139
bens de consumo 17, 40, 84, 88, 108, 116, 120, 160-161, 166, 172-173
Bessemer, Henry 58
Blanc, Honoré 101
bôeres 127
Bolívia 29, 93
Botsuana 176
Brasil 24, 29-30, 86, 89-90, 109, 152-153
Brocklehurst, John 75
Brunel, Isambard Kingdom 52

C

Caboto, Giovanni (John Cabot) 30
cacau 10, 122-123, 129-132, 136, 154
Califórnia, Escola da 68, 106
Camboja 67

Canadá 11-12, 30, 34, 80-82, 85, 118
    bancos 10, 55-56, 63, 71, 77, 104-105, 126, 138-139, 146, 150, 154
    colônias 10, 29-31, 59, 71, 80-84, 86-88, 90, 92, 94, 95-96, 102, 108-109, 123-129, 138, 168
    industrialização 15, 53-55, 76, 79, 97, 138, 140, 153-154, 158, 163, 168, 176
    mão de obra 11, 17, 23-24, 35, 37-38, 40, 42-43, 45, 47, 50, 61, 65-66, 68-69, 76, 84-87, 91, 94, 95, 100-101, 106, 109, 111, 119, 128, 132-133, 138, 140-142, 148-149, 151-152, 156, 164-166, 169, 172, 176
    países pobres 20-21, 24, 64, 66, 78, 138, 145, 154-156, 159, 162, 169, 174, 176
    países ricos 11, 25, 53, 59, 60-64, 66, 70, 134, 141, 154, 157, 174, 176
    renda e salários 7, 11, 14-15, 17-18, 20-23, 35, 37, 40, 42-44, 50, 54, 61, 65-66, 69, 76, 83-85, 87-88, 91, 93-94, 96, 99-100, 103-106, 110, 126, 129-135, 140-142, 147-148, 151-152, 154, 158, 163, 165-166, 168-170, 174, 176
    tecnologia 10-11, 24-25, 38-39, 42-43, 48-49,

52, 54, 57-59, 62, 64-66, 69, 72, 100, 104-106, 112, 133-134, 139, 141, 146-152, 154, 159, 162-163, 165, 166, 168-170, 172-173, 177
Caribe 30-31, 80, 86-87, 89-90, 92, 96, 109, 152
Carlos I, rei da Inglaterra 26
Cartier, Jacques 30
Cartwright, Edmund 49-50
carvão 24, 35, 38, 43, 48-49, 51-52, 57, 68
carvão vegetal 35, 57
Casalis, J. E. 128
catolicismo 90
Chile 12, 89, 90, 153
China 9, 13, 15, 17-18, 21, 25, 39, 44, 52, 67-68, 92, 111, 141, 143-144, 158, 168-176
cidades-estado 176
ciência 25, 41, 48, 52, 61, 106, 143
civilização 26, 67, 75, 111, 112
Clay, Henry 97-98, 103
clima 80
coletivização 160-162
Colombo, Cristóvão 9, 26, 28-29, 67, 175
colonialismo e impérios
    África 9-11, 13-14, 21, 30, 43-44, 67, 86, 110-113, 116-120, 122-124, 126-128, 131-134, 136-137, 145, 168, 176
    Américas 9-10, 19, 29, 30, 79-80, 112-113, 119, 122
    Ásia 9-10, 13-15, 21, 27, 28, 30, 43-44, 53, 67, 69-70, 76, 92, 112-113, 119, 132, 145, 168, 171, 176
capital 11, 21, 30, 42-43, 45, 47, 50, 55-56, 61-63, 65-66, 68-69, 83, 86, 94, 100, 104, 132, 134, 139, 141-142, 147-151, 154, 157, 159, 161, 163-167, 169, 172-173, 176-177
ensino e escolaridade 10, 22, 25, 37, 42, 54-55, 71, 77, 97, 103, 105-109, 126, 134-135, 139, 145-146, 153-154, 160-161, 167-168, 174, 176
globalização 26-27, 35, 68-69, 76, 110-111, 126, 134
grandes impérios 67-69
independência 96, 99, 102-103, 126
renda e salários 7, 11, 14-15, 17-18, 20-23, 35, 37, 40, 42-44, 50, 54, 61, 65-66, 69, 76, 83-85, 87-88, 91, 93-94, 96, 99-100, 103-106, 110, 126, 129-135, 140-142, 147-148, 151-152, 154, 158, 163, 165-166, 168-170, 174, 176
combustível 18-19, 38, 50, 57
comércio exterior 84-85, 89, 144
Companhia Holandesa das Índias Orientais 30
Companhias das Índias Orientais 44
comunismo 160, 167

concorrência 10, 15, 27, 44, 54-55, 69-70, 72, 89, 102, 131, 149, 161, 166, 173
coque 57, 164
Coreia do Sul 13, 15, 17, 158, 168, 176
corrupção 25, 111, 135-136
Cortés, Hernán 80
Costa do Marfim 123, 132
crescimento/desenvolvimento, trajetórias 34, 63, 66, 112, 128
cristianismo 119, 124
Crompton, Samuel 45-47
Cromwell, Oliver 31
cronômetros 41
cultura 24, 26, 41, 54, 106, 124, 139, 141, 175

D

da Gama, Vasco 9, 27, 29, 70, 175
Darby, Abraham 57
democracia 40, 105
demografia 79-80, 111-112
Deng Xiaoping 169
dependência, teoria da 154
Desaguliers, John Theophilus 49
desenvolvimento, políticas de 54, 77
desigualdade 88, 94-96, 105, 108-109, 157
desindustrialização 15, 68, 74, 102, 154
diamantes 127
Diaz, Porfirio 104
dieta e alimentação 18-20, 22, 97, 115
divergência 9, 14-15, 18, 20, 27, 111

dívida 154
doenças 80-81, 90, 113
du Halde, Jean-Baptiste 67

E

Eden, Frederick 22
Edison, Thomas 45
emparelhamento 10, 162
empresas complementares 134
energia 35-36, 42-43, 48-50, 54, 66, 69, 100, 142, 148, 158, 160, 173
energia a vapor 48-52, 147
engenharia e projetos 38, 40, 45, 49, 52, 57, 61, 78, 101, 136, 142, 147, 151
 industrialização 15, 53-55, 76, 79, 97, 138, 140, 153-154, 158, 163, 168, 176
 padrão de vida 17-19, 21, 82, 88, 131, 156
 religião 41
 rendas e salários 7, 17-18, 20, 23, 35, 37, 40, 42-44, 50, 54, 61, 65-66, 69, 76, 84-85, 88, 91, 93-94, 99, 100, 103-106, 132-135, 140-142, 147-148, 151-152, 154, 163, 165-166, 176
 tecnologia 10-11, 24-25, 38-39, 42-43, 48-49, 52, 54, 57-59, 62, 64-66, 69, 72, 100, 104-106, 112, 133-134, 139, 141, 146-152, 154, 159, 162-163, 165-166, 168-170, 172-173, 177
era mercantilista 9

escravidão 88, 91, 96, 116-117, 119, 125
Espanha 25, 27, 29, 33-36, 89, 93, 95, 102, 103
especialização 26
especiarias 10, 27
estabilização da moeda 55
Estados Unidos 10-11, 15, 22, 46, 50, 53-54, 56, 58-59, 61, 63, 65-66, 71, 75, 77, 80-82, 85, 87-90, 96-101, 104-109, 133, 138-139, 144, 149, 152, 155-156, 160-162, 164-167, 174, 177
   constituição 96-97
   economia pré-guerra 99
   Guerras Napoleônicas 98
   manufatura 10, 15-16, 31, 3435, 37, 44, 57-59, 69, 74-75, 93, 95, 98, 111, 115-116, 126, 134, 150, 169
   modelo padrão 97, 125, 138, 140, 145, 150-154, 156-157
   modelo primário-exportador 82, 85, 99
   nível mínimo de subsistência 17-18, 20, 22-23, 115
   políticas de desenvolvimento 54, 77
   protecionismo 98
   segregação 109
   tabaco 10, 31, 40, 87-88, 96, 113
   União Soviética, corrida armamentista 162
Etiópia 112-113
Europa *ver* países e locais específicos 9-12, 14-15, 18-19, 22, 27-29, 34-35, 37, 42, 44, 48, 53-55, 57, 59, 67-70, 72, 79, 83-87, 89-90, 92, 99, 103, 133, 138, 152
Europa Ocidental 10-12, 15, 19, 53, 57-58, 61, 65, 71, 77, 111, 120, 138-139, 145, 163
Europa Oriental 12, 14, 21, 169
Evans, Oliver 51, 101
expectativa de vida 17, 22, 142, 175
expropriação da terra 26, 127

F

fábricas e fundições 46-47, 50, 51, 100, 134, 143, 147-148, 165-166
fábricas, usinas e moinhos 50, 164
feitiçaria 41
Fernando, rei de Espanha 29
ferro 24, 38-39, 51-52, 56-57, 78, 83, 113, 116, 143, 153, 161, 164
ferrovias 48, 55-57, 69, 77-78, 105, 126-127, 138-139, 147, 153
fertilidade 67-68, 162, 174-175
filosofia natural e ciências naturais 41-42, 60
França 9, 25, 32, 36-37, 39-40, 42-44, 47, 50, 53, 56-60, 77, 98, 118, 138, 144
Fulton, Robert 51

G

Gana 117, 123, 125, 130, 132
geografia 24, 26, 79-80, 92, 111, 133, 162
globalização 26-27, 35, 68, 69, 76, 110-111, 126, 134
Gorbatchov, Mikhail 161
governo representativo 25
Grã-Bretanha, *ver* Reino Unido
Grande Impulso na industrialização 11, 78, 158-159, 163, 168-169
Guerra Fria 61
Guiné-Bissau 123
Guiné Equatorial 176

H

Habakkuk, hipótese de 99
Haber, Fritz 60
Hamilton, Alexander 97-98
Hargreaves, James 45-47
Harrison, John 41
Hidalgo, Miguel 102
Hitler, Adolf 61
Hobsbawm, Eric 44
Holanda 11, 12, 25, 27, 31-32, 34-37, 39, 60, 68, 100, 141
Hong Kong 176
Huygens, Christiaan 48

I

Ilha das Especiarias (Molucas) 29-30
Imperialismo, *ver* colonialismo e impérios
Império, *ver* colonialismo e impérios
império inca 29
Império Otomano 76
Império Persa 67
independência 96, 99, 102-103, 126
Índia 9, 15, 18, 27, 30, 39, 43-44, 47, 65, 67-78, 93, 102, 111, 125, 148-149, 154, 172
índice de preços ao consumidor 17
Indonésia 29, 132, 145-146
industrialização e Revolução Industrial 9, 11, 15, 23-24, 26, 34, 38-39, 41-42, 44, 45, 47-49, 53-57, 63, 68, 69, 71, 76, 79, 96-97, 99, 138, 140, 153-154, 158, 163, 168, 176
indústria pesada 59, 78, 140-141, 150, 159-160, 162, 169, 173
inflação 21, 29, 35
inhame 112-115, 123
Innis, Harold 82
instituições 24-26, 53, 54, 68, 105-106, 117, 124, 135, 141, 162, 166, 169-170, 174-175
investimento estrangeiro 104, 151
Isabel, rainha de Espanha 29
Itália 22, 24, 33-34, 36, 63, 93

J

Jaime II, rei da Inglaterra 26
Jaime I, rei da Inglaterra 26
Japão 12, 14, 17, 24, 67, 69, 111, 140-152, 156-158, 163-165, 167-168, 172, 174, 176
João, rei de Portugal 119
Johnson, Samuel 20
jornais 42

K

Kelly, Carl William 58
Kingsley, Mary 118

L

Lanchester, William 60
lavoura e agricultura 34-35, 69-70, 75, 79, 86, 88, 90, 92, 95, 97, 111-113, 116-117, 128, 131, 133, 136, 140, 149, 152, 157, 159-162, 168-170, 172, 174
Leis de Navegação 31, 72, 83, 98
Lênin 159-160
Lever, William 127
List, Friedrich 103
Lowell-Moody, sistema 100
Luís XIV 40
Luís XVI 39

M

Machel, Samora 137
Magalhães, Fernão 26
malária 24, 113
Malásia 132
Maláui 65
Malthus, Robert 67
Mann, Horace 107
manufatura 10, 15-16, 31, 34-35, 37, 44, 57-59, 69, 74-75, 93, 95, 98, 111, 115-116, 126, 134, 150, 169
mão de obra, *ver* trabalho forçado; rendas e salários; escravidão
Martin, Pierre-Émile 58
Martin, Robert Montgomery 75
Marx, Karl 67
Maybach, William 60
mecanização, *ver* tecnologia
México 18, 29-30, 47, 80-81, 89-95, 102, 105-108, 151-154
milho 18-19, 80-81, 83, 95, 113
Moçambique 123, 137
modelo padrão 97, 125, 138, 140, 145, 150-154, 156-157
modelo primário-exportador 82, 85, 99
Molson, John 51
Molucas 29-30
monarquias 26, 101, 144
Morrill, Justin Smith 98, 107
mulheres 114, 118, 142, 157, 162, 175

N

Naomasa, Nabeshima 143
Napoleão Bonaparte 10, 53-55, 98, 102
Newcomen, Thomas 48-49, 52
Newton, Isaac 41
Nigéria 112, 115, 120-121, 125, 127
nível mínimo de subsistência 17-18, 20, 22-23, 115
Northrop, James Henry 66
Nova Zelândia 11, 112

O

Ocidente *ver* países e locais específicos
óleo de palma 10, 112, 114-115, 119-122, 126-127, 129, 131-133, 154
Omã 176
ópio, comércio 143
Oriente Médio 9, 13-14, 27, 44, 67, 69, 111-112
ouro 90, 117, 119-120, 127

P

padrão de vida, *ver também* nível mínimo de subsistência
Paine, Tom 42
Países Baixos
  ver também países específicos 11, 34, 56
países pobres 20-21, 24, 64, 66, 78, 138, 145, 154-156, 159, 162, 169, 174, 176
Papin, Denis 48
Paquistão 78
Paul, Lewis 46
Pedro, O Grande, czar da Rússia 138
Pelsaert, Francisco 18
Peru 65, 80, 92-93, 102
Pesquisa e Desenvolvimento (P&D) 45
pimenta, preço 28
Pizarro, Francisco 29
planejamento 11, 158-159, 161-163, 165-166, 169-171, 173-175
pobreza 20-21, 23, 110-111, 113, 128, 130, 132, 134-135, 159
Polinésia 112
política 11, 26, 42, 54, 69, 71, 77, 90, 98, 105, 116, 128, 139, 141, 146-147, 150, 154, 157, 160, 163, 167, 169, 170, 175, 177
Polo, Marco 67
Polônia 32, 36, 67
população 21, 31-32, 34-36, 68, 77, 79-81, 85, 87-88, 90-92, 94-96, 107-109, 113, 116, 124, 126-128, 131, 133, 140, 142-143, 145-146, 153, 159, 174-175
população rural 31, 130, 168
Portugal 27-29, 89
povos indígenas 79, 124
prata 10, 29, 35, 90, 92-94
Prebisch, Raúl 153
preços 7, 17, 21, 28, 35, 42-43, 54, 72-75, 83, 88, 90, 93, 126, 129-132, 136, 150, 153-154, 156, 165, 170
Primeira Guerra Mundial 56, 58-59, 76-77, 101, 122, 125, 129, 131, 140, 150
Produto Interno Bruto (PIB) 11
propriedade privada 40, 67-68, 111, 117, 138
protecionismo 98
protestantismo 24
Prússia 54-55

Q

Quênia 127

R

reforma 173, 175
Reino Unido 15, 22, 65, 98, 139
religião 41
rendas e salários 7, 9, 11, 14-15, 17-18, 20, 22-23, 35, 37, 40, 42-44, 50, 54, 61, 65-66, 67, 69, 76, 79, 84-86, 88, 91, 93-94, 99-100, 103-106, 131-136, 140-142, 147-148, 151-152, 154, 163, 165-166, 176
  salários altos 23, 40, 66, 133-134, 152, 165
  salários baixos 132-135, 166
  salários reais 17, 20, 84, 94, 99, 103-105
sistemas jurídicos 135

revoltas 102, 140
Revolução Gloriosa 26, 41
rios 51, 82, 97
Ruanda, genocídio 135
Rússia 69, 138-140, 144, 151, 152, 156-157

S

salários reais 17, 20, 84, 94, 99, 103-105
salários *ver* rendas e salários
saúde 17, 22, 133, 161
seda 92, 141-142, 147-149
Segunda Guerra Mundial 15, 17, 61, 69, 98, 108, 129, 132, 145, 157, 161-163, 167-168, 176
Siemens, Carl Wilhelm 58
Singapura 176
sistemas jurídicos 135
Slater, Samuel 100
Smith, Adam 9, 25, 67
smithiano, crescimento 26
soberania parlamentar 26
Sri Lanka (Ceilão) 30
Stálin, Joseph 159
Sumatra 131
Swanzy, Francis 120

T

tabaco 10, 31, 40, 87-88, 96, 113
Tailândia 67, 176
Taiwan 13, 15, 17, 158, 168, 176
tarifas 10, 54-55, 71, 77, 97, 100, 103-105, 107-108, 126, 134, 138-140, 145-146, 150, 153-154, 156, 167
taxas 104, 105, 117, 133, 150, 154, 174

teares 49, 50, 66, 74, 100, 116
tecnologia 10-11, 24-25, 38-39, 42-43, 48-49, 52, 54, 57-59, 62, 64-66, 69, 72, 100, 104-106, 112, 133-134, 139, 141, 146-152, 154, 159, 162-163, 165-166, 168-170, 172-173, 177
   caráter macroeconômico do progresso 61
   Pesquisa e Desenvolvimento (P&D) 45
tecnologia de uso geral (TUG) 52
tempo livre 116, 142
terra 68, 87-89, 92, 94, 111, 113, 115, 116, 123, 125, 127, 128, 133, 135-136, 140-141, 144, 149, 159, 170, 172
têxteis 10, 15, 27, 39, 44, 58, 71, 76, 98, 100-101, 103, 126, 139, 153
Tokimune, Gaun 148
trabalho forçado 91-92, 94, 117, 125, 137
trabalho, *ver* trabalho forçado; rendas e salários; escravidão
tradição 110, 113
transporte
   ver também formas de transporte específicas 28, 39, 51-52, 69, 72, 76, 79, 83, 86, 92-93, 95, 103, 115, 120, 126, 145
transporte marítimo 24
Trevithick, Richard 49, 51
tribos e tribalismo 123-125, 135, 137

trigo 22, 31, 69-70, 83-84, 90, 93, 95, 99, 112, 133, 140-141, 152
turfa 35

U

união aduaneira 55
União Soviética 15, 158-159, 161, 176
urbanização 34-35, 42, 154, 162
Uruguai 12, 89, 152

V

vantagem comparativa, princípio 70-72, 74, 77, 133
Vaucanson, pato 50
velas 18, 19, 27, 70, 120, 131
Venezuela 153
viagem por água *ver também* transporte marítimo
viagens de Descobrimento 27
Von Guericke, Otto 48
von Humboldt, Alexander 102, 106

W

Weber, Max 24, 123
Wesley, John 41
Whitney, Eli 96, 101
Wyatt, John 46

Z

Zimbábue 65, 127, 128

Lista de ilustrações

1. A grande divergência / Angus Maddison, *The World Economy* (OECD, 2006), e as revisões mais recentes em www.ggdc.net/maddison / 14

2. Distribuição da manufatura mundial / Paul Bairoch, "International Industrialization Levels from 1750 to 1980", *Journal of European Economic History*, 11 (1982): 269-333, e Banco Mundial, *World Development Indicators* (2008) / 16

3. Índice de subsistência dos trabalhadores / Robert C. Allen, Jean-Pascal Bassino, Debin Ma, Chritine Moll-Murata e Jan Luiten van Zanden, "Wages, Prices, and Living Standards in China, 1739-1925: In Comparison with Europe, Japan, and India", *Economic History Review*, 64 (fevereiro de 2011): 8.58, e cálculos adicionais para a Espanha / 20

4. Índice de subsistência, Londres e Beijing / 21

5. Preço da pimenta, ajustado pelo nível de preços de 1600 / 28

6. Preço da energia / 36

7. Salário em relação ao preço dos serviços de capital / 43

8. Função de produção mundial / Robert C. Allen, "Technology and the Great Divergence", Universidade de Oxford, Depto. de Economia, Comunicação 548, *Explorations in Economic History* 48 (2012) / 62

9. Trajetória do crescimento americano / Robert C. Allen, "Technology and the Great Divergence", Universidade de Oxford, Depto. de Economia, Comunicação 548, *Explorations in Economic History* 48 (2012) / 63

10. Trajetória do crescimento italiano / Robert C. Allen, "Technology and the Great Divergence", Universidade de Oxford, Depto. de Economia, Comunicação 548, *Explorations in Economic History* 48 (2012) / 64

11. Trajetória do crescimento alemão / Robert C. Allen, "Technology and the Great Divergence", Universidade de Oxford, Depto. de Economia, Comunicação 548, *Explorations in Economic History* 48 (2012) / 64

12. Preço real do algodão / 73

13. Preço real do algodão bruto / 74

14. Preço do trigo / 84

15. Salários de um trabalhador não qualificado, Europa e Estados Unidos / 85

16. Salários de um trabalhador não qualificado, México e Londres / 91

17. Preço do óleo de palma em relação ao preço do tecido de algodão / 121

18. Preço do cacau em relação ao preço do tecido de algodão / 122

19. Ganhos por dia com o óleo de palma / 129

20. Ganhos por dia com o cacau / 130

LISTA DE TABELAS

1. PIB *per capita* no mundo, 1820-2008 / Angus Maddison, *The World Economy* (OECD, 2006), e http://www.ggdc.net/maddison / 12

2. Cesta básica / Robert C. Allen, *The British Industrial Revolution in Global Perspective* (Cambridge, 2009), p. 57 / 19

3. Distribuição percentual da população por setor, 1500-1750 / Robert C. Allen, "Economic Structure and Agricultural Productivity in Europe, 1300-1800", *European Review of Economic History*, 3 (2000): 1-25 / 32

4. Alfabetização adulta, 1500 e 1800 / Robert C. Allen, *The British Industrial Revolution in Global Perspective* (Cambridge, 2009), p. 53 / 36

5. Renda yakö, anos 1930 / Daryll Forde, *Yakö Studies* (Oxford, 1964), p. 5, 9-11, 14, 22, 25, 26, 31-4, 41-5, 47 / 114

6. Porcentagem da população na escola / Arthur S. Banks, *Cross National Time Series*; Brian S. Mitchell, *International Historical Statistics: Africa, Asia, and Oceania, 1750-1993*, p. 980-7, 1001-3 / 146

IMPRESSÃO:

Pallotti
GRÁFICA EDITORA
IMAGEM DE QUALIDADE

Santa Maria - RS - Fone/Fax: (55) 3220.4500
www.pallotti.com.br